Gärten und Landschaften

2

Fußmann 99

Gärten und Landschaften

115 Gouachen, Aquarelle, Pastelle und Ölskizzen aus den Jahren 1979–1999 von

Klaus Fußmann

Verlegt bei Peerlings

1. B. im Garten (August) (Cover)
   Öl auf Papier, 1998, 85 x 70 cm
   Sig. u.r. Fußmann G. 98
2. Blick auf Esgrus (Raps)
   Pastell, 1997, 42 x 56 cm
   Sig. u.r. Fußmann G. 97
3. Garten mit Sonnenblumen und Astern
   Pastell, 1991, 89 x 75 cm
   Sig. u.r. Fußmann G. 91
4. Weizen bei Steinbergkirche
   Pastell, 1998, 15 x 23 cm
   Sig. u.r. Fu 98

Text: Klaus Fußmann
Über die Arbeit der Gärtner
Seite 5–16
Eine Landschaft wird gesehen
Seite 76
Gedichte: Günter Kunert
Seite 65: Beim Sommerflieder sitzend, Vom Wetter
Seite 69: Der Südwest Seite 106: Spätherbst, Elegie
Sarah Kirsch
Seite 66/67: Bewegung, Wasserspiegel, Lautlos, Die Berührung
Seite 109: In den Wellen, Tilgung Seite 110: Eine Schlehe im Mund komme ich übers Feld, Schlehen
Seite 122: Augentrost, Sanfte Jagd
Robert Gernhardt: Seite 68/69: Sonnenblumen, Mittagsruhe, Abendgang 18 Uhr 15
Seite 105: Septembersee
Seite 107: Viel und Leicht
Seite 108: Wiederholung

Gärten und Landschaften
115 Gouachen, Aquarelle, Pastelle und Ölskizzen aus den Jahren 1979–1999 von Klaus Fußmann

Verlegt bei Galerie Peerlings, Krefeld und Kampen/Sylt
Telefon: (Sylt) 0 46 51-49 40, (Krefeld) 0 21 51-2 97 43

Fotos: Stephan Wiesner/Barbara Fußmann, Wilhelm Fußmann
ISBN Nummer 3-922195-37-7 Druck: Goltze Druck, Göttingen

Über die Arbeit der Gärtner

Landschaft auf der Rhön
Pastell 1999
Ausschnitt

Ein großer, mit der Zeit immer bewußter werdender Traum der Menschheit ist es, eines Tages mit der Natur im Einklang zu leben: Der Mensch als Teil der Schöpfung, nicht Ausbeuter und Zerstörer, sondern weiser und verständiger Mittler zwischen Fauna und Flora. Der Mensch als wissender und weiser Betrachter der Natur. Eine Natur, die dem Garten Eden gleichen soll, mit paradiesischen Zuständen, so die Utopie, die in den letzten Jahrzehnten mehr und mehr Zulauf fand.

Im Werk des Nicolas Poussin, wie des Claude Lorrain wurde dieser Traum schon einmal bildhaft Wirklichkeit. Natur war Kunst geworden. Die ganze weite Welt, Wälder, Wiesen, Felder und Berge, die Landschaft und der blaue Himmel mit seinen Wolken, waren nicht mehr Staffage, stellten nicht mehr nur den Hintergrund für erhabene menschliche Gestalten, sondern wurden zum primären malerischen Ereignis. Es war eine Kunst entstanden, in

Nicolas Poussin
Landschaft mit Diogenes 1648
Louvre.

Lorrain Crescenza Metrop. NY.

G. Bellini Fest der Götter
Washington 1514

der sich sinnvoll und ergänzend zur Landschaft, Mensch und Kreatur einfügten. Auf diesen Bildern drängen die Menschen nicht mehr nach vorne, vielmehr vollziehen sie – leise, und manchmal fast unscheinbar dargestellt – ihre vom Schicksal vorgezeichneten Rituale unter mächtigen Bäumen oder verlieren sich in der Tiefe der Landschaft. Dann wieder sehen wir mythische Szenen im Glanz der Abendsonne, überstrahlt, als wäre das Licht das malerische Ereignis und nicht die aktiven Personen. Die humanen Gestalten sind hier Teil des Ganzen, statt Mittelpunkt des Bildes. Es scheint, als wären sie sich dessen bewußt, wenn sie auf den Bildern hingelagert wie die Götter, mit ernsten Augen, gedankenverloren und versunken die goldene Welt, den gemalten fernen Horizont bewachen.

Wie diese wundersame Bilderwelt lange vor der Romantik entstehen konnte, bleibt rätselhaft. Denn Naturschwärmerei, wie wir sie kennen, gab es im siebzehnten Jahrhundert nicht. Es war eher ein pastorales Gefühl, von dem die Gesellschaft besessen war, das ruhige Leben auf dem Lande, das gleichmäßige von Sinnes-eindrücken und Sinnlichkeit erfüllte

Poussin, Bacchanal mit Gitarristen
Louvre

Tagesablauf, welches hier die Jagdpartien lieferte. Schäfer und Schäferin, unter den Bäumen gelagert, beim Flötenspiel hingegeben und von Lämmern umringt, war zum faszinierendsten Sujet der Zeit geworden.

Nicht ohne Vorbilder hat Poussin sein Werk geschaffen, besonders die Venezianer haben ihm zugesagt. Tizians „Bacchanal der Leute von Andros“ hat unmittelbar seine Malerei beeinflußt, was beim Vergleich sofort sichtbar wird. Die Idee von tanzenden und trinkenden Menschen in einer Landschaft ist älter, denn auch Tizians Meisterwerk wäre ohne Giovanni Bellinis „Fest der Götter“ wohl nicht so entstanden. Ein Bild, auf dem als antike Götter verkleidete Italiener, betrunken und tanzend ein Fest oder eher schon eine Orgie aufführen. Aber auf dem Bild sind sie tatsächlich zu Göttern geworden. Durch die Kraft des Bildes und durch die Kunst der Malerei wird die Landschaft mit der ekstatischen Szene vollkommen glaubhaft. Bewundernd schaut man auf den Moment des Einklangs, der Harmonie von Welt und Mensch.

Poussin und Lorrain hinterließen viele Schüler. Eine zwei Jahrhunderte anhaltende Tradition mit Kompositionen von Menschen in der Landschaft sollte mit ihren Malereien beginnen. Poussin veränderte sogar die gesamte französische Malerei und schuf die Basis des sogenannten „Poussinisme“, die die Franzosen bis zum Impressionismus und darüber hinaus bis zu den Anfängen des Kubismus führen sollte. Von da an ziehen sich wie ein immer wiederkehrendes Leitmotiv Szenen der Symbiose von Mensch und Natur durch die Malerei. Die Kunst war von jeher, wenn auch nicht so offensichtlich, von dieser Idee beseelt. Als wären sie von einem tiefen dauernd wiederkehrenden Traum beherrscht, so versuchen die Maler den Menschen mit der Natur zu versöhnen und entwerfen von Giorgione bis van Gogh und Cézanne, von Altdorfer bis Corinth und Balthus immer neue Bilder, das zu erreichen. Hunderte von Arbeiten könnten aufgezählt werden, die oft kaum bemerkbar im Werk verborgen, diesem archetypischen Urbild angehangen haben. Die in grauer Vorzeit zerbrochene Einheit von Mensch, Tier und Natur wurde in der Kunst wieder eins.

Illusionen, vielleicht, womöglich bleibt davon nur das, in der Malerei aber wurde dieser Traum wahr. Die gesamte Kunst sich als Tagtraum vorzustellen, wäre gar nicht so falsch, schafft sie doch ihre Realität aus sich selbst, aus ihren Vorstellungen und aus der Vergangenheit.

Beim Nachdenken über Kunst und Leben, über Landschaften und die in ihr versunkenen Menschen, beim Heraufbeschwören so mancher Landschaft und der vielen Gärten, die der Autor dieser Zeiten sah, haben die ganz frühen Bilder das größte gewirkt. Sie prägten bis heute seine Vorstellung von Mensch und Natur, schärften seine Sinne für die Farben der Blumen, das Gespür für die Dimension einer Landschaft – für Weite und Luft. Frühe Prägungen gaben das Gefühl, ein Teil dieses Gartens zu sein, in dem man arbeitete, ein Teil der Landschaft zu werden, in der man

(8)

von links (Kartoffelernte) 1946, der Autor, der Bruder Gerd und die Mutter Johanna, vor Stangenbohnen Velbert

umherstreifte. Obwohl, wenn man die Vergangenheit beschreibt, nichts Außergewöhnliches daran zu bemerken ist, alles ganz normal erscheint, um zwischen den Zeilen bleibt etwas von dem verwunschenen Zauber.

Wieder stehen die frühen Eindrücke dort aus Velbert, wo wir zwei Gärten hatten, einen kleinen und einen größeren, klar vor Augen; die schnell trocknende weißbraune Erde im Frühjahr, das überall emporkeimende Unkraut, der Eisenhut im Vorgarten, vor dem so gewarnt wurde und die Plagen der Gartenarbeit, die niemals ein Ende hatte und nie ganz getan war. Immer blieb etwas übrig, was im Sinne des perfekten Gärtners, und davon gab es einige in der Nachbarschaft, nicht ganz richtig gemacht war. Der Garten mußte sauber sein. Undenkbar war es zum Beispiel, Kartoffeln zu pflanzen, ohne eine Leine zu spannen, überhaupt wurde alles, ob Bohnen, Erbsen oder Rotkohl mit Zentimeter genauem Abstand gesetzt, nichts wurde mit Augenmaß entschieden, nichts sollte Zufall sein. Auch die Rabatten wurden mit einer gespannten Leine abgesteckt, dann an der Schnur vorbei mit dem Spaten abgestochen und mit dem Spatenrücken festgeklopft. Schnurgerade und spiegelglatte Beetkanten entstanden auf diese Weise, und wer das nicht fertig brachte, etwa eine Delle in einer zwanzig Meter langen Beetkante hatte, oder sich mit einer bröckligen Kante begnügte, dessen Arbeit wurde mit Kopfschütteln betrachtet und der wurde als Gärtner nicht ernst genommen. Es gab eine Hierarchie. Bei unserem größeren Garten, der fünf Minuten vom Haus entfernt lag, hatten wir einen Nachbarn Baumann, der irgendwo als Dreher oder Werkzeugmacher arbeitete – wie fast alle in Velbert – der aber abends nach Feierabend zu einem fanatischen Gärtner mu-

von links: Gertrud Kotthaus, die Großmutter Hanna Fußmann (Mutter) K. F. der Autor der Großvater aus Heiligenhaus, Emil Kotthaus, Tinde die Schwester des Vaters, Tante Melitta ca. 1943 Heiligenh.

treffe und sein Land gut in Schuß hielt. Das heißt, sein Garten war exakt gehackt, bepflanzt, beklopft und gejätet und es wuchs auch noch gut, denn er vergaß nicht zu düngen. Noch sehe ich seine prangenden Erd[illegible] und leuchtenden Johannisbeeren. Mein Großvater sprach voller Hochachtung über ihn, wie von einem Genie, und bewundernd ruhte sein Blick auf den gepflegten Beeten. Kein Unkraut war dort jemals zu sehen, entweder gab es gehackte Erde oder es wuchsen in Reih und Glied die Schwarzwurzeln empor, oder der Porree, oder die Sommerastern.

Die Erträge in unserem Garten waren gar nicht schlecht, obwohl wir bestimmt nicht genug Dünger ausbrachten. Einmal hatten wir sogar einen überwältigenden Erfolg mit Stangenbohnen. Körbe voller grüner Bohnen trug meine Mutter nach Hause, die, in Steintrögen sauer eingelegt, uns halfen durch den Winter zu kommen. Was aber die Nachbarn aufregte und meinen Großvater wieder und wieder beschämte war das Unkraut, welches bei uns immer zu sehen war, manchmal klein und erträglich, doch dann wieder im wild wuchernden Zustand, bis hin zum blühenden Hahnenfuß und samenden Löwenzahn. Gartenfreunde werden wissen, was das heißt. Es war anstrengend, mit dem Spaten die Wege vom Unkraut zu säubern, die gesamte Fläche mußte ja frei [illegible] Schrittes abgestochen [illegible] und später das Unkraut ausgehackt werden! Bei über hundert Meter Weg kam da einiges an Fläche zusammen.

[illegible] Zeitraubender geriet das Unkraut jäten in den Möhren- und Zwiebelrabatten, welches zu meinen ganz frühen Gartenerlebnissen gehört. Die zarten Federn der Möhren und die winzigen Zahnstocher der Zwiebeln mußten geschont, alles andere vorsichtig daraus, [illegible]

Oben: Die Familie beim Sonntagsspaziergang 1938

Unten: Großvater Georg Fußmann (der Gärtner), Bruder Gerd, Trude, ein Junge aus der Nachbarschaft, Johanna F. und Tante Annemarie F. (heute Baumgarten)

jedoch herausgezogen werden. Nachmittage vergingen dabei. Nach Stun-
den hatte man die Größe einer Tischplatte geschafft, dabei schmer-
zende Knie bekommen und viel Frust und Ärger aufge-
staut, denn die anderen Zehnjährigen, meine Freunde von
der Burgstraße, zogen derweil hinaus in die nahen Wälder um
auf die Bäume zu klettern, um in den Teichen die Molche zu
fangen.
Nur bruchstückhaft und teilweise kann ich die vergangene
Welt beschreiben, die immer noch in meinem Kopf steckt. Dabei
spielt es keine Rolle, daß von dem, was in den Flözen, im Tal bei
Rocht, oder ums Haus herum einmal war, nicht mehr vorhanden
ist, daß das ganze Gebiet mit Garagen, Gebäuden und Fabriken
bebaut oder vom Wasser eines Stausees überflutet ist. Eine Kon-
trolle am Realen bleibt also ausgeschlossen. Selbst wenn es wäre
wie früher, der Faktor Zeit würde einen direkten Vergleich ent-
täuschend ausfallen lassen. Auf der Suche nach der verlorenen Zeit
würden die vor Augen stehenden Bilder nicht mehr mit den Ge-
gebenheiten übereinstimmen, denn auch die Erinnerungen
haben sich verändert und sind zu Kunstbildern geworden.
Bilder aus der Zeit: Der tote Stieglitz im Maul der Katze und
die Männer stehen bewundernd im Kreise; die Katze hatte es
geschafft den Vogel zu fangen – oder hatte
ihn der ältere Sohn der Wünnemanns vorher
mit dem Katapult erschossen? Aber es war
Frühling, die gescheckte Katze saß unter einem
glühenden Birnenbaum und die sonnige
Luft war voller Summen und Vogelgesang.
Und ich konnte dann plötzlich fast nichts
mehr sehen, weil eine Ader im Auge geplatzt
war und das Blut die Sicht verdunkelte.
Über fünfzig Jahre alte Bilder ziehen durch
mein Gehirn, verklärte Szenen, verwunschene
Bäume, gefährliche Momente, weniger erinner-
lich der Mangel der Zeit, die Sorgen der Mutter,
die ungewisse Zukunft.

Mit Sätzen die mir dazu einfallen ver-
suche ich die Bilder einzufangen, und

Die Tante Melitta, Schwester
der Mutter, 1945 im Garten in
Heiligenhaus unter dem Rosen-
bogen. Foto: Wilhelm F.

wenn sie zu passen scheinen, schreibe ich sie auf. Doch die Sprache ist löchrig wie ein Sieb, das Wesentliche rinnt durch sie durch, sie ist eindimensional und zieht wie eine Linie durch einen Raum. Ich versuche die Wörter, lege sie über das tiefe Gras im Juni bevor es gemäht wird. Es steht so hoch, daß keiner uns sieht, wenn wir darin sitzen; ich lege Sprache über die springenden Frösche darin, über die Margeriten, die dazwischen stehen, die wir pflücken und mit nach Hause nehmen werden. Ich könnte noch heute sagen, auf welcher Wiese das war, welchem Bauer sie gehörte. Unweit dahinter, wo wir saßen, stand ein Wellblechhäuschen mit einer Kuhtränke, groß wie eine Badewanne, aber ohne Wasser, sondern voller Exkremente und Fliegen. Neben dem grauen Wellblechverschlag war eine einen halben Meter tiefe, gemauerte Grube mit einem Wasseranschluß an das öffentliche Netz. Eiserne Rohre lagen auf dem Grund und eine Wasseruhr mit zerschlagener Glasscheibe funktionierte immer noch. Dicke Kröten krochen aus den Winkeln, wenn wir das zischende Wasser auf- und zudrehten. Wir sahen die Kröten niemals die Ziegelwände hochklettern. Offenbar konnten sie die Grube nie verlassen. Erinnerungen reihen sich aneinander, eigentlich belanglos und zufällig, unbedeutend für den Leser, jedoch für mich voller Geheimnis und Schönheit.

Das Haus in Gelting 1998

in Gelting 1980 Oktober

Knut Hamsun spricht oft davon, wie wir unsere Wurzeln hinter uns her schleppen, auch wenn wir weit in die Welt hinausziehen. So tastet der Mensch sich weiter, er kann nicht vergessen, stets vergleicht er das Heutige mit dem Gewesenen und steht im Hier und Jetzt die Schatten der Vergangenheit. Selbst die Kunst vergleicht sich mit ihrer eigenen Vergangenheit, prüft lange das Neue und bewegt sich eigentlich langsam.

Auch ich ziehe diese unsichtbaren Wurzeln hinter mir her, sie hängen mir vom Rücken herunter, wenn ich die Gestaltung in unserem Garten male, und sie halten Verbindung mit der Erde. Sie halten mich fest. Die leuchtenden Rosen, die weiße Erde im Sonnenschein, die indigoblaue Hecke, das sehe ich direkt, nehme ich unmittelbar wahr, das ist das Ereignis, aber dann beginnt ein anderes Sehen, welches mit „Wand u Willen zum Bilde“ beschrieben werden könnte. Um ein Bild vom Garten malen zu können, brauche ich die Vergangenheit, die Erfahrung, die Geschichte der Kunst, die zehntausend Bilder, die ich gesehen habe. Die vielen Bilder lotsen mich wie Leuchttürme und warnen mich, nicht alles mögliche zu probieren, sondern im Rahmen zu bleiben, denn Kitsch, Wahnsinn und das pure Nichts liegen nur Millimeter von der Wahrheit. Und dann ist da auch wieder der alte Tagtraum, der mich verleitet, es noch einmal zu versuchen, wenigstens in den Momenten, da der Tag in Rot und Gelb sein nahes Ende feiert. So spät am Nachmittag zeigt sich ab und an noch einmal Pan im Garten, er nickt und gibt ein Zeichen, daß es noch nicht ganz zu Ende sei mit ihm und ich noch einmal anfangen solle mit der Malerei. Und die Vergangenheit ist dann wieder da, als wäre sie nicht vergangen.

Berlin, 12.2.2000

Über die Arbeit der Gärtner

Ein großer, mit der Zeit immer bewußter werdender Traum der Menschheit ist es, eines Tages mit der Natur im Einklang zu leben: Der Mensch als Teil der Schöpfung, nicht Ausbeuter und Zerstörer, sondern weiser und verständiger Mittler zwischen Fauna und Flora. Der Mensch als wissender und weiser Betrachter der Natur. Einer Natur, die dem Garten Eden gleichen soll, mit paradiesischen Zuständen, so die Utopie, die in den letzten Jahrzehnten mehr und mehr Zulauf fand.

Im Werk des Nicolas Poussin, wie des Claude Lorrain, wurde dieser Traum schon einmal bildhaft Wirklichkeit. Natur war Kunst geworden. Die ganze weite Welt, Wälder, Wiesen, Felder und Berge, die Luft und der blaue Himmel mit seinen Wolken, waren nicht mehr Staffage, stellten nicht mehr nur den Hintergrund für erhabene menschliche Gestalten, sondern wurden zum primären malerischen Ereignis. Es war eine Kunst entstanden, in der sich sinnvoll und ergänzend zur Landschaft, Mensch und Kreatur einfügten. Auf diesen Bildern drängen die Menschen nicht mehr nach vorne, vielmehr vollziehen sie – klein, und manchmal fast unscheinbar dargestellt – ihre vom Schicksal vorgezeichneten Rituale unter mächtigen Bäumen oder verlieren sich in der Tiefe der Landschaft. Dann wieder sehen wir mythische Szenen im roten Glanz der Abendsonne, doch so überstrahlt, als wäre das Licht das malerische Ereignis und nicht die aktiven Personen. Die humanen Gestalten sind hier Teil des Ganzen, statt Mittelpunkt des Bildes. Es scheint, als wären sie sich dessen bewußt, wenn sie, auf den Bildern hingelagert wie die Götter, mit ernsten Augen gedankenverloren und versunken die goldene Welt, den gemalten fernen Horizont bewundern.

Wie diese wundersame Bilderwelt lange vor der Romantik entstehen konnte, bleibt rätselhaft, denn Naturschwärmerei, wie wir sie kennen, gab es im siebzehnten Jahrhundert nicht. Es war eher ein pastorales Gefühl, von dem die Gesellschaft begeistert war, das ruhige Leben auf dem Lande, der gleichmäßige, von Sinneseindrücken und Sinnlichkeit erfüllte Tagesablauf, welches hier die Inspiration lieferte. Schäfer und Schäferin, unter Bäumen gelagert, dem Flötenspiel hingegeben und von Lämmern umringt, war zum faszinierendsten Sujet der Zeit geworden.

Nicht ohne Vorbilder hat Poussin sein Werk geschaffen, besonders die Venezianer haben ihm zugesagt. Tizians „Bacchanal der Leute von Andros" hat unmittelbar seine Malerei beeinflußt, was beim Vergleich sofort sichtbar wird. Die Idee von tanzenden und trunkenen Menschen in einer Landschaft ist älter, denn auch Tizians Meisterwerk wäre ohne Giovanni Bellinis „Fest der Götter" wohl nicht so entstanden. Ein Bild, auf dem als antike Götter verkleidete Italiener, betrunken und tanzend ein Fest oder eher schon eine Orgie aufführen. Aber, auf dem Bild sind sie tatsächlich zu Göttern geworden. Durch die Kraft des Bildes und durch die Kunst der Malerei wird die Landschaft mit der ekstatischen Szene vollkommen glaubhaft. Bewundernd schaut man auf den Moment des Einklangs, der Harmonie von Welt und Mensch.

Poussin und Lorrain hinterließen viele Schüler. Eine zwei Jahrhunderte anhaltende Tradition mit Kompositionen von Menschen in der Landschaft sollte mit ihrer Malerei beginnen. Poussin veränderte sogar die gesamte französische Malerei und schuf die Basis der so genannten „Peinture", die die Franzosen bis zum Impressionismus und darüber hinaus bis zu den Anfängen des Kubismus führen sollte. Von da an ziehen sich wie ein immer wiederkehrendes Leitmotiv, Szenen der Symbiose von Mensch und Natur durch die Malerei.

Die Kunst war von jeher, wenn auch nicht so offensichtlich, von dieser Idee beseelt. Als wären sie von einem tiefen dauernd wiederkehrenden Traum beherrscht, so versuchen die Maler den Menschen mit der Natur zu versöhnen und entwerfen von Giorgione bis van Gogh und Cézanne, von Altdorfer bis Corinth und Balthus immer neue Bilder, das zu erreichen. Hunderte von Malern könnten aufgezählt werden, die, oft kaum bemerkbar im Werk verborgen, diesem archetypischen Urbild angehangen haben. Die in grauer Vorzeit zerbrochene Einheit von Mensch, Tier und Natur wurde in der Kunst wieder eins.

Illusionen, vielleicht, womöglich bleibt davon nur das, in der Malerei aber wurde dieser Traum wahr. Die gesamte Kunst sich als Tagtraum vorzustellen, wäre gar nicht so falsch, schafft sie doch ihre Realität aus sich selbst, aus ihren Vorstellungen und aus der Vergangenheit.

Beim Nachdenken über Kunst und Leben, über Landschaften und die in ihr versunkenen Menschen, beim Heraufbeschwören so mancher Landschaft und der vielen Gärten, die der Autor dieser Zeilen sah, haben die ganz frühen Bilder das größte Gewicht. Sie prägten bis heute seine Vorstellung von Mensch und Natur, schärften seine Sinne für die Farben der Blumen, das Gespür für die Dimension einer Landschaft - für Weite und Luft. Frühe Prägungen gaben das Gefühl, ein Teil dieses Gartens zu sein, in dem man arbeitete, ein Teil der Landschaft zu werden, in der man umherstreifte. Obwohl, wenn man die Vergangenheit beschreibt, nichts Außergewöhnliches daran zu bemerken ist, alles ganz normal erscheint, nur zwischen den Zeilen bleibt etwas von dem verwunschenen Zauber.

Wieder stehen die frühen Eindrücke dort aus Velbert, wo wir zwei Gärten hatten, einen kleinen und einen größeren, klar vor Augen; die schnell trocknende weißbraune Erde im Frühjahr, das überall emporkeimende Unkraut, der Eisenhut im Vorgarten, vor dem so gewarnt wurde, und die Plagen der Gartenarbeit, die niemals ein Ende hatte und nie ganz getan war. Immer blieb etwas übrig, was im Sinne des perfekten Gärtners, und davon gab es einige in der Nachbarschaft, nicht ganz richtig gemacht war. Der Garten mußte sauber sein. Undenkbar war es zum Beispiel, Kartoffeln zu pflanzen, ohne eine Leine zu spannen, überhaupt wurde alles, ob Bohnen, Erbsen oder Rotkohl mit Zentimeter genauem Abstand gesetzt, nichts wurde mit Augenmaß entschieden, nichts sollte Zufall sein. Auch die Rabatten wurden mit einer gespannten Leine abgesteckt, dann an der Schnur vorbei mit dem Spaten abgestochen und mit dem Spatenrücken festgeklopft. Schnurgerade und spiegelglatte Bordkanten entstanden auf diese Weise, und wer das nicht fertigbrachte, etwa eine Delle in einer zwanzig Meter langen Borde hatte oder sich mit einer bröckligen Kante begnügte, dessen Arbeit wurde mit Kopfschütteln betrachtet und der wurde als Gärtner nicht ernstgenommen. Es gab eine Hierarchie. Bei unserem größeren Garten, der fünf Minuten vom Haus entfernt lag, hatten wir einen Nachbarn namens Baumann, der irgendwo als Dreher oder Werkzeugmacher arbeitete - wie fast alle in Velbert – der aber abends nach Feierabend zu einem fanatischen

Gärtner mutierte und sein Land „gut in Schuß“ hielt. Das heißt, sein Garten war exakt geharkt, bepflanzt, beklopft und gejätet, und es wuchs auch noch gut, denn er vergaß nicht zu düngen. Noch sehe ich seine prangenden Erdbeeren und leuchtenden Johannisbeeren. Mein Großvater sprach voller Hochachtung über ihn, wie von einem Genie, und bewundernd ruhte sein Blick auf den gepflegten Beeten. Kein Unkraut war dort jemals zu sehen, entweder gab es geharkte Erde oder es wuchsen in Reih und Glied die Schwarzwurzeln empor, oder der Porree, oder die Sommerastern.

Die Erträge in unserem Garten waren gar nicht schlecht, obwohl wir bestimmt nicht genug Dünger ausbrachten. Einmal hatten wir sogar einen überwältigenden Erfolg mit Stangenbohnen. Körbe voller grüner Bohnen trug meine Mutter nach Hause, die, in Steintrögen sauer eingelegt, uns halfen durch den Winter zu kommen. Was aber die Nachbarn aufregte und meinen Großvater wieder und wieder beschämte war das Unkraut, welches bei uns immer zu sehen war, manchmal klein und erträglich, doch dann wieder im wild wuchernden Zustand, bis hin zum blühenden Hahnenfuß und samenden Löwenzahn. Gartenfreunde werden wissen, was das heißt. Es war anstrengend, mit dem Spaten die Wege vom Unkraut zu säubern, die gesamte Fläche mußte in feinen Schichten abgestochen und später das Unkraut ausgeharkt werden. Bei über hundert Meter Weg kam da einiges an Fläche zusammen.

Zeitraubender geriet das Unkrautziehen in den Möhren- und Zwiebelrabatten, welches zu meinen ganz frühen Gartenerlebnissen gehört. Die zarten Federn der Möhren und die winzigen Zahnstocher der Zwiebeln mußten geschont, alles andere vorsichtig darum herum jedoch herausgezogen werden. Nachmittage vergingen dabei. Nach Stunden hatte man die Größe einer Tischplatte geschafft, dabei schmerzende Knie bekommen und viel Frust und Ärger aufgestaut, denn die anderen Zehnjährigen, meine Freunde von der Burgstraße, zogen derweil hinaus in die nahen Wälder, um auf die Bäume zu klettern, um in den Teichen die Molche zu fangen.

Nur bruchstückhaft und teilweise kann ich die vergangene Welt beschreiben, die immer noch in meinem Kopfe steckt. Dabei spielt es keine Rolle, daß von dem, was in den Flieten, im Tal bei Lucht oder ums Haus herum einmal war, nichts mehr vorhanden ist, daß das ganze Gebiet mit Garagen, Gebäuden und Fabriken bebaut oder vom Wasser eines Stausees überflutet ist. Eine Kontrolle am Realen bleibt also ausgeschlossen. Selbst wenn es wäre wie früher, der Faktor Zeit würde einen direkten Vergleich enttäuschend ausfallen lassen. Auf der Suche nach der verlorenen Zeit würden die vor Augen stehenden Bilder nicht mehr mit den Gegebenheiten übereinstimmen, denn auch die Erinnerungen haben sich verändert und sind zu Kunstbildern geworden. Bilder aus der Zeit: Der tote Stieglitz im Maul der Katze, und die Männer stehen bewundernd im Kreise; die Katze hatte es geschafft den Vogel zu fangen - oder hatte ihn der ältere Sohn der Wönnemanns vorher mit dem Katapult erschossen? Aber es war Frühling, die gescheckte Katze saß unter einem blühenden Birnbaum und die sonnige Luft war voller Summen und Vogelgesang. Und ich konnte dann plötzlich fast nichts mehr sehen, weil eine Ader im Auge geplatzt war und das Blut die Sicht verdunkelte. Über fünfzig Jahre alte Bilder ziehen durch mein Gemüt, verklärte Szenen, verwunschene Bäume, gefährliche Momente, weniger erinnerlich der Mangel dieser Zeit, die Sorgen der Mutter, die ungewisse Zukunft.

40 Jahre später:
Johanna Fußmann und
Klaus Fußmann auf der
Birk, Gelting 1982

Mit Sätzen die mir dazu einfallen versuche ich die Bilder einzufangen, und wenn die Worte zu passen scheinen, schreibe ich sie auf. Doch die Sprache ist löchern wie ein Sieb, das Wesentliche rinnt durch sie durch, sie ist eindimensional und zieht nur eine Linie durch einen Raum. Ich versuche die Wörter, lege sie über das tiefe Gras im Juni, bevor es gemäht wird. Es steht so hoch, daß keiner uns sieht, wenn wir darin sitzen; ich lege Sprache über die springenden Frösche darin, über die Margeriten, die dazwischen stehen, die wir pflücken und mit nach Hause nehmen werden. Ich könnte noch heute sagen, auf welcher Wiese das war und welchem Bauer sie gehörte. Unweit dahinter, wo wir saßen, stand ein Wellblechhäuschen mit einer Kuhtränke, so groß wie eine Badewanne, aber ohne Wasser, sondern voller Exkremente und Fliegen. Neben dem grauen Wellblechverschlag war eine eineinhalb Meter tiefe, gemauerte Grube mit einem Wasseranschluß an das öffentliche Netz. Eiserne Rohre lagen auf dem Grund und eine Wasseruhr mit zerschlagener Glasscheibe funktionierte immer noch. Dicke Kröten krochen aus den Winkeln, wenn wir das zischende Wasser auf und zu drehten. Wie sollten die Kröten jemals die Ziegelwände hochklettern? Offenbar konnten sie die Grube nie verlassen. Erinnerungen reihen sich an einander, eigentlich belanglos und zufällig, unbedeutend für den Leser, jedoch für mich voller Geheimnis und Schönheit.

Knut Hamsun spricht oft davon, wie wir unsere Wurzeln hinter uns her schleppen, auch wenn wir weit in die Welt hinausziehen. So tastet der Mensch sich weiter, er kann nicht vergessen, stets vergleicht er das Heutige mit dem Gewesenen und sieht im Hier und Jetzt die Schatten der Vergangenheit. Selbst die Kunst vergleicht sich mit ihrer eigenen Vergangenheit, prüft lange das Neue und bewegt sich eigentlich langsam.

Auch ich ziehe diese unsichtbaren Wurzeln hinter mir her, sie hängen mir vom Rücken herunter, wenn ich in Gelting in unserem Garten male, und sie halten Verbindung mit der Erde. Sie halten mich fest. Die leuchtenden Rosen, die weiße Erde im Sonnenschein, die indigoblaue Hecke, das sehe ich direkt, nehme ich unmittelbar wahr, das ist das Ereignis, aber dann beginnt ein anderes Sehen, welches mit dem „Willen zum Bilde" beschrieben werden könnte. Um ein Bild vom Garten zu malen, brauche ich die Vergangenheit, die Erfahrung, die Geschichte der Kunst, die zehntausend Bilder, die ich gesehen habe. Die vielen Bilder lotsen mich wie Leuchttürme und warnen mich, nicht alles mögliche zu probieren, sondern im Rahmen zu bleiben, denn Kitsch, Wahnsinn und das pure Nichts liegen nur Millimeter von der Wahrheit. Und dann ist da auch wieder der alte Tagtraum, der mich verleitet, es noch einmal zu versuchen, wenigstens in den Momenten, da der Tag in Rot und Gelb sein nahes Ende feiert. So spät am Nachmittag zeigt sich ab und an noch einmal Pan im Garten, er winkt und gibt ein Zeichen, daß es doch nicht ganz zu Ende sei mit ihm und ich noch einmal anfangen solle mit der Malerei. Und die Vergangenheit ist dann wieder dabei – als wär sie nicht vergangen.

Berlin, 12.2.2000

Landschaft in Angeln und der Garten im Frühling

5

6

5. Frühjahr, Garten mit B.
Öl auf Papier, 1991, 88 x 75,5 cm
Sig. u.r. Fußmann 91

6. Geeggtes Feld bei Niesgrau
Pastell, 1996, 42 x 56 cm
Sig. u.r. Fußmann G. 96

7. Garten mit Tulpen, Vergißmeinnicht, Stiefmütterchen und Traubenhyazinthen
Aquarell und Gouache, 1999, 77 x 57 cm
Sig. u.r. .G.97 Fußmann

7

8

8. Raps in Düstnishy
Pastell, 1999, 42 x 56 cm
Sig. u.r. Fußmann G. 99

9. Bauer E.G. auf der Koppel
Pastell, 1993, 70 x 84,5 cm
Sig. u.r. Fußmann G. 93

9

10

11

10. Frühjahr bei Bobek
Pastell, 1999, 42 x 56 cm
Sig. u.r. Fußmann G. 99

11. Raps bei Boysen (Wippendorf)
Pastell, 1999, 42 x 56 cm
Sig. u.r. Fußmann G. 99

12. Tulpen, Vergißmeinnicht, Mohn und Margeriten
Aquarell, 1996, 48 x 57 cm
Sig. u.r. Fußmann Gelting 23.5.96

12

13

14

13. Frühjahrsfeuer bei Goldhöft
Pastell, 1994, 84,5 x 70 cm
Sig. u.l. April 94 G. Fußmann

14. Raps bei Eckernförde
Pastell, 1998, 42 x 56 cm
Sig. u.r. Fußmann G. 98

15

15. Gehöft bei Esgrus (Weißes Haus)
Pastell, 1997, 42 x 56 cm
Sig. u.r. Fußmann G. 97

16. Raps bei Osterholz
Pastell, 1998, 42 x 56 cm
Sig. u.r. Fußmann G. 98

16

17

17. Buchen blühend
Pastell, 1994, 76 x 65 cm
Sig. u.r. Fußmann G. 9.4.94

18. Raps bei Wippendorf
Pastell, 1999, 42 x 56 cm
Sig. u.r. Fußmann G. 99

18

19

19. Sumpfdotterblumen und Vergißmeinnicht
Aquarell und Gouache, 1998, 11 x 13 cm
Sig. u.r. Fu G 98

20. Raps bei Flensburg
Pastell, 1996, 15 x 24 cm
Sig. u.r. Fu G. 96

20

21

21. Raps bei Rundhof
Pastell, 1999, 42 x 56 cm
Sig. u.r. Fußmann G. 99

22. Gehöft Kattrott mit Raps
Pastell, 1997, 40 x 49,5 cm
Sig. u.r. Fußmann G.97

22

23

24

23. Iris, Mohn, Vergißmeinnicht und Primeln
Aquarell, 1998, 76,5 x 57 cm
Sig. u.r. Fußmann G. 98

24. Raps bei Rottberg
Pastell, 1999, 42 x 56 cm
Sig. u.r. Fußmann G. 99

25

25. Iris und Hornkraut
Aquarell, 1998, 42 x 57 cm
Sig. u.r. Fußmann G. 98

26. Iris und Mohn
Aquarell, 1998, 59 x 78 cm
Sig. u.r. Fußmann G. 98

26

27

28

29

27. Narzissen und Immergrün
    Aquarell, 1999, 14 x 22 cm
    Sig. u.r. Fu G. 99
28. Kastanie
    Aquarell, 1996, 11 x 21 cm
    Sig. u.r. Fu G. 96
29. Mohn und Kornblume
    Aquarell, 1995, 13 x 15 cm
    Sig. u.r. Fu G. 95

30

31

32

30. Iris und Narzissen
    Aquarell und Gouache, 1996
    78 x 58,5 cm
    Sig. u.r. Fußmann G. 21.6.96
31. Mohn und Nachtviole
    Aquarell, 1998, 21 x 25 cm
    Sig. u.r. Fu G. 98
32. Kaiserkrone und Sumpfdotterblume
    Aquarell, 1997, 15 x 19 cm
    Sig. u.r. Fu 97
33. Mohn (hell rot)
    Aquarell und Gouache, 1997
    57 x 76 cm
    Sig. u.r. Fußmann Gelting 97

33

34

35

36

34. Fingerhut und Mohn
Aquarell, 1999, 32 x 42 cm
Sig. u.r. Fußmann G. 99

35. Margeriten
Aquarell, 1998, 45 x 58 cm
Sig. u.l. Fußmann G. 98

36. Margeriten
Aquarell, 1997, 15 x 20 cm
Sig. u.r. Fu G. 97

37. Kastanien und Kaiserkrone
Aquarell, 1996, 30 x 45 cm
Sig. u.r. Fußmann G. 96

37

38

38. 3 x Mohn
Aquarell, 1995, 17 x 25 cm
Sig. u. G. 95 Fu

39. Garten mit Maiglöckchen, Narzissen, Vergißmeinnicht und Stiefmütterchen
Aquarell, 1997, 48 x 56,5 cm
Sig. u.r. Fußmann Gelting 30.4.97

40. Margeriten
Aquarell und Gouache, 1998
78 x 59 cm
Sig. u.r. Fußmann G. 7.7.1998

41. Iris (blau, weiß und rosa)
Aquarell, 1997, 57,5 x 76,5 cm
Sig. u.r. Fußmann 14.6.97

39

40

41

42

42. Garten mit Tulpen, Narzissen, Nachtviole, Stiefmütterchen und Vergißmeinnicht
Aquarelle und Gouache, 1999
58 x 77 cm
Sig. u.r. Fußmann G. 99

43. Iris (blauviolett)
Aquarell, 1995, 40 x 50 cm
Sig. u.r. Fußmann G. 95

43

44

45

44. Mohn (dunkel)
Aquarell und Gouache, 1995
57 x 75 cm
Sig. u.r. Fußmann G. 95

45. Schlafmohn
Aquarell und Gouache, 1987
29 x 40 cm
Sig. u.r. Fu G. 87

46

46. Iris und Hornkraut
    Aquarell und Gouache, 1999
    58 x 78 cm
    Sig. u.r. 29.5.99 Gelting Fußmann

47. Vergißmeinnicht und Mohn
    Aquarell und Gouache, 1997
    34,5 x 41 cm
    Sig. u.r. Fußmann G. 97

47

48

49

50

51

48. Garten mit Rittersporn und Alant
Aquarell und Gouache, 1996
66 x 51 cm
Sig. u.r. Fußmann G. 96

49. Iris, Mohn, Tulpen und Vergißmeinnicht
Aquarell und Gouache, 1999
58 x 77,5 cm
Sig. u.r. Fußmann Gelting 26.5.99

50. Kaiserkrone, Narzissen und Vergißmeinnicht
Aquarell und Gouache, 1999, 38,5 x 55 cm
Sig. u.r. Fußmann G. 99

51. Vergißmeinnicht und Sumpfdotterblumen
Aquarell, 1998, 34 x 44 cm
Sig. u.r. Fußmann G. 98

52. Zwei Eichen
Pastell, 1999, 42 x 56 cm
Sig. u.r. Fußmann Gelting 99

53. Holunder und Rittersporn
Aquarell und Gouache, 1997
56,5 x 69 cm
Sig. u.r. Fußmann G. 97

54. Flieder (weiß und lila)
Pastell, 1989, 42 x 56 cm
Sig. u.r. Fu 89 G.

55. Hortensien und Kamille
Aquarell und Gouache, 1998
46 x 56 cm
Sig. u.r. Fußmann G. 98

52

53

54

55

BEIM SOMMERFLIEDER SITZEND

Durchaus unbegreiflich
in solchem Garten eine Gestalt wie ich:
Produkt ohne Kalkül, unter Befürchtungen
aufgezogen zu vergessener Zeit,
ein innerstädtisches Erzeugnis,
unversehens im gewaltlosen Grün.
Still auf der Bank, Rastplatz
von einem Pfauenauge, das
mich nicht sieht. Atmende Flügel.
Unberührbar des farbigen Staubes
Symmetrie.
Verweile doch,
heißt dieser Abschnitt merklicher Ewigkeit.
Bis wir beide uns erheben, jeder
in seine endgültige Richtung
fort und dahin.

Günter Kunert

VOM WETTER

Wolken: Weiße Riesen
sie nähern sich zaghaft
zu einem langen Abschied:
Unterwärts grau ist die Farbe
der Unschuld: Nichts
ist so rein wie du wähnst.
Aber wenn sie über dir
auseinandertreten damit endlich Licht
auf dein erloschenes Haupt fällt
gütig und grell
glaubst du dich gemeint
und verzeihst ihnen wieder
den folgenden Regen.

Günter Kunert

BEWEGUNG

Die Nachbarhäuser zerstreuen sich wieder
Die Fliehkraft der Erde der üppige Frühling
Drängen sie an den Horizont Koppeln und Wiesen
Dehnen sich aus die aufgestellten Kühe
Legen lange Wege zurück die Blumen
Dornen und Vogelnester viel dichtes Gesträuch
Ist nun ins Land geworfen die Eichen
Holen ihr Laub vor schließen mich ein.

Sarah Kirsch

WASSERSPIEGEL

Es gibt Sommertage mit grünen
Augen wie Teiche und Schatten
Laufen darüber es weiden
Königlich schwarze Herden am Ufer.

Sarah Kirsch

LAUTLOS

Eine Schote mit lachenden Zähnen
Erbsen im Maul weit hinten im Garten
Arcimboldosches Grinsen vorm Frost
Hülle und Fülle und schöner Verfall
Huschende Vögel.

Sarah Kirsch

DIE BERÜHRUNG

Das Rauschen der Bäume die
Schwankenden Sträucher Stimmen der Tiere
Lange leuchtende helle Blumen
Selbst das Netz der Spinne am Fenster
Alles hat die Nacht weggenommen
Wir stecken einsam in den Gehäusen
Nirgendwo ist noch ein Lichtschein zu sehn
Und die Scheibe spiegelt die Lampe
Zweifach zurück mir durch den Leib
Es ist nicht sicher, träte ich
Gleich aus der Tür alles wiederzufinden
Wie es im Licht stand, und streckte ich
Die Hand nach dem rauhen
Armdicken Stamm der Sonnenblume aus
Ich griffe ins Leere oder berührte
Schmales Handgelenk einer vergeblichen
Sonnenblumenesserin, Schalen und Kerne
Fallen ihr auf die Schuhe über die
Blaue Jacke mit dem buckligen P

Sarah Kirsch

SONNENBLUMEN

Sommersonne strahlt vom Himmel,
Sonnenblumen starrn zur Erde.
Wer sie anschaut, steht betroffen:
Soviel stirb! Wo bleibt das Werde?

Nicht mehr Sonne, kaum mehr Blume -
Angesichts des Dörrzeugs lerne:
Was da schwarz die Köpfe neiget
Birgt millionenfache Kerne.

Robert Gernhardt

MITTAGSRUHE

Ausgestreckt auf breiter Matte,
Wäscheknattern, Wipfelrauschen
Über mir und mir zu Füßen
Weites Land. Zwei Falter tauschen

Gaukelnd unverstellte Botschaft,
Und ich spür mit allen Sinnen
Zeit sich sammeln, Zeit sich stauen,
Zeit verströmen, Zeit verrinnen.

Robert Gernhardt

ABENDGANG 18 UHR 15

Geht die Sonne, folgt die Farbe.
Nach durchscheinendstem Verglühen
Hat der Baum nichts mehr zu bieten.
Also spart er sich die Mühen

Und verharrt gedeckter Tönung,
Bis im nächsten Sonnenschimmer
Er erneut erglüht. Doch vorerst
Dreht der Abend still am Dimmer.

Robert Gernhardt

DER SÜDWEST

Kaum ein Tag, da er
nicht meinen Garten besucht.
Ein Gast von der See
streicht über Schiffe, übers
ebene Land. Tanzmeister
der Bäume, Blasmusikus
in den Wipfeln
wirft mit Blättern um sich
wie die Regierung mit dem Geld
ihrer Bürger: auch er
ein windiger Geselle ohne Verlaß.
Wolken fliehen vor ihm, doch
manchmal weint er selbstkritisch
mir die Fensterscheiben voll.

Günter Kunert

Rund um uns die See

56

56. Vor Dänemark
Aquarell, 1999, 12,5 x 18 cm
Sig. u.r. Fu 9.8.99

57. Sommertag mit stürmischer See
Aquarell, 1999, 15 x 22,5 cm
Sig. u.r. 11.8.99 Fu

58. See, hell am Nachmittag
Pastell, 1998, 42 x 56 cm
Sig. u.r. Fußmann G. 98

57

58

59

59. Ostsee bei Kronsgaard
Aquarell, Gouache und Sand, 1998
46 x 60 cm
Sig. u.r. Fußmann 98

60. See, Spätnachmittag
Pastell, 1999, 15 x 23 cm
Sig. u.r. 99 G Fu

60

Angeln: eine Landschaft wird gesehen

Es sind vor allem die Hochgebirge, die den Autor dieser Zeilen beeindrucken. Das von Immanuel Kant beschriebene Gefühl der Erhabenheit, welches sich beim Anblick hochaufragender Bergriesen einstellt, ist ihm wohl vertraut – sei es nun in der Natur selbst oder auf einem Bilde gemalt. Von Kant wurde dieses Gefühl schon als das Fühlen von Kunst definiert, eine kühne These, die von Künstlern und Kunstfreunden immer in Frage gestellt wurde. Doch, was immer der Grund gewesen sein mag, Kunst oder Natur; viele Reisen nach Skandinavien, nach Schweden, Finnland und vor allem nach Norwegen, bis hinauf ans Nordkap, hat der hier Schreibende, zusammen mit seiner Frau unternommen, um immer wieder neuer Variationen von schneebedeckten Bergen und unberührten Hochebenen ansichtig zu werden. In Hardangar und in Jotunheimen wanderten wir die steilen Hänge hinauf, durchwateten die reißenden Flüsse der Täler und die gleißenden Schneefelder der Hochlagen. Es ist ein Verlust des menschlichen Maßes, der sich in den weglosen Weiten, zwischen Eis, Steinen und gigantischen Bergen einstellt: ein Verlust, der das Gefühl von Erhabenheit hervorruft.

In der Nähe von Gelting, auf der Halbinsel Angeln, haben wir dann vor siebzehn Jahren ein Domizil gefunden, welches dem geliebten Norden schon ziemlich nahe ist. In dem von Endmoränen geformten und von zwei Förden durchzogenen Land meldet sich noch immer die Struktur des Nordens. Auch im langewährenden, schrägen Licht der Sommerabende, stellt sich ein Abglanz jener Mittsommernacht ein, die in Skandinavien so klar und zeitlos die Tage reiht. Schließlich sind da auch noch die verbindenden nördlichen Meere, die Nord- und die nahe Ostsee: Durch letztere schoben einst unvorstellbare Eismassen die granitenen Findlinge auf das Angeliter Land, als wären es Kiesel.

Die hiesige Landschaft ist längst zur Ruhe gekommen. Das Gefühl der Erhabenheit weicht beim Anblick der sanft gehügelten Felder eher dem der Geborgenheit. Die kalten Zeiten sind bereits seit fünfzehntausend Jahren vorbei, die Küsten seit Jahrhunderten durch Deiche geschützt, und da, wo Eichen standen, wogen jetzt Weizenfelder. Das einst wilde Nordland ist zu einer Kulturlandschaft geworden. Schon zwischen drei- und zweitausend vor Christi begannen hier die ersten zaghaften Versuche einer Landwirtschaft, einer Kultur: Rinder wurden auf die Koppel getrieben, Wege angelegt, Gräber aus Findlingen gebaut und den Göttern wurde an heiligen Plätzen geopfert. In der Antike galt Haithabu als die, im ewigen Nebel gelegene, nördlichste Stadt der damaligen Welt. Das fruchtbare Land wurde früh besiedelt und seine Geschichte ist lang und verworren. Fast alles aus dieser langen Geschichte liegt im Nebel der Vergangenheit und bleibt wohl für immer vergessen. Ab und zu pflügt ein Bauer ein Steinbeil aus dem Boden oder es findet sich eine Pfeilspitze am Strand. Doch wissen wir trotz dieser Zeichen nicht wie es wirklich gewesen ist.

Der Mensch gestaltet die Landschaft immer wieder um, zieht Gräben, fällt Bäume, rodet Steine und legt Senken trocken. Nach dem Krieg hat man dann die großflächigen Felder angelegt und viele Knicks dafür beseitigt. Der parkähnliche Charakter der Landschaft veränderte sich dadurch und tendiert heute eher zu einer Felderlandschaft. Jetzt markieren auch Telegrafenmasten unübersehbar das Land, und Häuser mit roten Ziegeln treten mehr und mehr an Stelle der Katen mit den Reetdächern.

Wenn nun ein Maler sich auf eine Auseinandersetzung mit der Angeliter Landschaft einläßt, will sagen, sie zu malen versucht, so kann er die nördlich geprägte Natur und erst recht nicht die vom Menschen gestaltete Landschaft und ihre Geschichte übersehen. Das heißt, daß in eine gemalte Landschaft auch das Unsichtbare, nämlich die Naturgeschichte wie die Geschichte einfließen.

Der lange Sommer

61

62

61. B. in Beveroe
Öl auf Papier, 1980, 65 x 75 cm
Sig. u.r. 28.7.1980 Fußmann Gelting

62. Sommerliche Landschaft bei Nieby
Pastell, 1997, 42 x 56 cm
Sig. u.r. Fußmann G. 97

63. Beveroe
Pastell, 1989, 64,5 x 75 cm
Sig. u.r. Fußmann G. 89

63

64

65

64. Landschaft bei Kronsgaard
Pastell, 1999, 15 x 23 cm
Sig. u.r. Fu G. 99

65. Straße bei Pommerby
Pastell, 1998, 42 x 56 cm
Sig. u.r. Fußmann G. 98

66. Beveroe, der Garten
Aquarell, Gouache und Bleistift, 1979
64 x 76 cm
Sig. u.r. Fußmann 20.8.79 Gelting

67. Malven (weiß)
Aquarell und Gouache, 1998
30,5 x 38 cm
Sig. u.r. 25..8.98 G. Fußmann

68. Mohn und Rainfarn
Pastell, 1998, 75 x 74 cm
Sig. u.r. Fußmann G. Juni 93

66

67

68

69

69. Garten Gelting mit Gladiolen
Aquarell und Gouache, 1999
71,5 x 66 cm
Sig. u.r. Fußmann G. 28.8.1999

70. Garten mit Glockenblumen, Mohn und Malven
Pastell, 1995, 87 x 72 cm
Sig. u.r. Fußmann G. 95

71. Malven und Sonnenblumen
Pastell, 1997, 75 x 74 cm
Sig. u.r. Fußmann G. 97

72. Garten mit Malven und Dahlien
Aquarell und Gouache, 1996
72 x 57 cm
Sig. u.r. Fußmann G. 96

73. Selbst im Spiegel, Garten mit B.
Aquarell, Gouache und Tusche, 1983
71,5 x 76 cm
Sig. u.r. Gelting 12.8.83 Fußmann

74. Garten mit Blumenbeete
Aquarell und Gouache, 1994
74 x 75 cm
Sig. u.r. Fußmann G. 94

70

71

72

73

74

75

76

75. Garten mit Bohnen und Gladiolen
Gouache, 1999, 43 x 52 cm
Sig. u.r. Fußmann G. 99

76. Zinnien
Gouache, 1998, 31,5 x 41,5 cm
Sig. u.r. Fußmann G. 98

77

78

79

80

81

82

77. Garten mit Malven und Dahlien
Pastell, 1998, 75 x 74 cm
Sig. u.r. Fußmann G. 98

78. Rittersporn
Aquarell und Gouache, 1996
66 x 51 cm
Sig. u.r. Fußmann G. 96

79. Lupinen
Aquarell, 1997, 57 x 76 cm
Sig. u.r. 15.6.1997 Fußmann

80. Gladiolen
Aquarell und Gouache, 1996
50 x 65 cm
Sig. u.r. Fußmann 96

81. Phlox
Aquarell, 1995, 58 x 77 cm
Sig. u.r. Fußmann G. 2.7.95

82. Gladiolen
Aquarell und Gouache, 1996
50 x 65 cm
Sig. u.r. Fußmann G. 96

83

83. Lupinen
Aquarell, 1996, 50 x 64 cm
Sig. u.r. 12.7.96 Gelting Fußmann

84. Rittersporn und Margeriten
Aquarell und Gouache, 1996
66 x 52 cm
Sig. u.r. Fußmann Gelting 8.7.1996

85. Garten mit Dahlien, Mohn und Sonnenhut
Aquarell und Gouache, 1997
57 x 64 cm
Sig. u.r. Fußmann G. 97

86. Weizen bei Pommerby
Pastell, 1997, 42 x 56 cm
Sig. u.r. Fußmann G. 97

85

86

87

88

89

87. Weizenfelder bei Kronsgaard vor Ostsee
Pastell, 1997, 42 x 56 cm
Sig. u.r. Fußmann G. 97

88. Landschaft bei Steinbergkirche
Pastell, 1997, 42 x 56 cm
Sig. u.r. Fußmann G. 97

89. Malven, Mohn und Rudbeckia
Gouache, 1999, 44 x 55 cm
Sig. u.r. Fußmann G. 99

SEPTEMBERSEE

– Du also hast schon vor Beeren gekniet?
– Ja, ich hab schon vor Beeren gekniet.
– Erkläre dich deutlicher!

Denk dir einen Waldsee, denk dem
See ein steiles Ufer, denk dir
dieses Ufer dicht bewachsen.
Denk ihm Binse, Minze, Weide,
denk das alles schön gespiegelt –
hast du's?
– Ja.

Denk dir Mittagssonne. Denk das
Wasser leicht gekräuselt. Denk den
milden Wind. Denk der Libellen
stetes Unstetsein. Denk dazu
hoch den schrillen Schrei des Bussards –
hörst du's?
– Ja.

Denk dir einen Schwimmer. Laß ihn
mit dem Licht durchs Wasser gleiten.
Denk, wie er sich denkt: Was hängt da
derart dunkel, derart glitzernd,
derart lockend in die Fluten –
siehst du's?
– Nein.

Denk dir eine Brombeerecke.
Denk sie zwischen Schilf und Weide.
Denk sie hart im Licht des Mittags.
Denk sie derart voll von Beeren,
daß die bis ans Wasser rühren –
siehst du's jetzt?
– Ja.

Denk den Schwimmer. Denk die Beeren.
Denk ihr Locken. Denk sein Nähern.
Denk sein Knie. Denk wie's auf Grund Stößt.
Denk sein Knien. Denk wie vom Wasser
aus er zugreift. Denk sein Schwelgen.
Spürst du's?
Ja?

– So also hast du vor Beeren gekniet?
– Ja, so hab ich vor Beeren gekniet.
– Das erklärt natürlich einiges.

Robert Gernhardt

SPÄTHERBST

Betäubt vom Sturm
inmitten von Blättern
vergilbt und brüchig.
Im Windschatten
sammeln sich die Verlorenen.
Unverständliches Geraschel. Stimmen
aus dem Nirgendwo. Saftlos
und kraftlos die Unzähligen.
Wir werden zusammengekehrt
und beseitigt. Ich meine,
wir hätten Besseres verdient
als betäubt vom Sturm
herzzerreissend zu verfliegen.

Günter Kunert

ELEGIE

Die Stille wird hörbar.
Das Schweigen wird beredt.
Das Dunkel wird vollkommen
durchsichtig. Der Wind
wird müde und schläft ein.
Kein Blatt wagt sich zu regen.
Aus dem Erdboden steigt
Grabesduft, das Parfüm
der Ewigkeit. Lautlos sterben
die Stunden und auferstehen erneut
wie nicht sonst
am Morgen.

Günter Kunert

VIEL UND LEICHT

Von allem viel. Viel Birne, viel Zwetschge. Viel
Traube, viel Pfirsich Viele Tomaten. Viel
Rascheln der vielen trockenen Blätter. Viel
Haschen der vielen kleinen Katzen. viel
Duft von viel Harz der vielen Pinien. Viel
Wind in den vielen Oliven. Viel Silber. Viel
Rauschen. Viel Blau in den vielen Hügeln. Viel
Glanz. Viel Wärme. Viel Reife. Viel Glück.

Vor allem leicht Wie leicht sich das erntet. Leicht
löst sich die Birne, die Zwetschge, der Pfirsich. Leicht
trennt das Messer vom Weinstock die Traube. Leicht
knurrend naht sich die Katze. Sie läßt sich leicht
die Beute abnehmen. Es schreibt die Rechte: Leicht
gesperbert die helle Brust des Vogels, so leicht
in der Linken. Die Flügel sehr dunkel. Darin leicht
gekurvte, gelbe Handschwingen. Ein Zeisig vielleicht.

Robert Gernhardt

WIEDERHOLUNG

Das war ihr letzter Herbst. Wir gingen
den Fluß entlang. Der mündete im Meere.
Das Meer war blau und weit und öde.
Beim Anblick freuten wir uns auf den Rückweg.

Auf dunkles Laub vor blendend hellem Wasser.
Auf die zum Platzen pralle Frucht im Lichtfleck.
Auf den Geruch der Blätter in Verwesung.
Auf Wärme, Kühle und auf deren Wechsel.

Vier Jahre später. Wieder ein Fluß.
Wieder ein Herbst. Und beim Gang durch die Gärten
wieder die Früchte, das Licht und der Vorsatz,
so bald wie möglich wiederzukommen.

Robert Gernhardt

IN DEN WELLEN

Das Meer so
Grün und so offen

Habe die Füße
Im Wasser

In den Wellen
Sehe ich Fische

Der Sommer der
Sommer ist da
Bei dir.

Sarah Kirsch

TILGUNG

Die eilig segelnden Wolken
Mir nichts dir nichts sind sie
Verflogen der Schatten
Rennt über Kuckuckslichtnelken
Engelwurzwiesen zuletzt
Schwärzt er die Krähen von
Abgestorbenen Bäumen.

Sarah Kirsch

EINE SCHLEHE IM MUND KOMME ICH ÜBERS FELD

eine Schlehe im Mund komme ich übers Feld
Sie rollt auf der Zunge stößt Zähne an wenn
 ich geh
Mein Kopf eine Schelle klappert und macht
Einen traurigen Mund
 meiner mit einer Schlehe
Deiner Sand schon und Kieselstein
Ich drüber du drunter
Ebereschen blutrot samtrot liegts auf dem Weg
Drosseln freßt freßt
Den Herbst lang euch Vogelfett an

Sarah Kirsch

SCHLEHEN

Ahornfarben das Haar im September
Schlehen reiß ich und Brombeeren süß
Vom Strauch ab für seinen Mund, und unter
Die Haut treib ich Dornen

Sarah Kirsch

Mitten im Sommer die Rosen

90

90. Rosen
Aquarell, 1999, 33 x 42 cm
Sig. u.r. Fußmann G. 1.10.99

91. Rosen (rot und weiß)
Aquarell und Gouache, 1999
57 x 70 cm
Sig. u.r. Fußmann 24.9.99

92. Weiße Rosen
Aquarell und Gouache, 1996
58 x 77 cm
Sig. u.r. Fußmann G. 96

91

92

93

94

93. Rosen (gelb und hellrosa)
Aquarell und Gouache, 1992
58 x 77 cm
Sig. u.r. Fußmann G. 92

94. Rosen (gelb und weiß)
Aquarell, 1995, 48 x 65 cm
Sig. u.r. Fußmann g. 95

95

95. Rosen (rot, weiß und rosa)
Aquarell und Gouache, 1995
57 x 77 cm
Sig. u.r. Fußmann, Gelting, Juli 95

96. Rosen (rot und gelb)
Aquarell und Gouache, 1997
65 x 57 cm
Sig. u.r. Fußmann Gelting 28.8.97

96

97

97. Rosen (weiß)
Aquarell, 1996, 28 x 38 cm
Sig. u.r. Fußmann G. 96

98. Rosen (rosa)
Aquarell, 1998, 58 x 61 cm
Sig. u.r. Fußmann Gelting 98 Juli

98

99

99. Rosen (gelb, hellrot und rot)
Aquarell und Gouache, 1999
28 x 37,5 cm
Sig. u.r. Fußmann G. 99

100. Rosen (rosa)
Aquarell, 1995, 58 x 77 cm
Sig. u.r. Fußmann G. 15.5.95

100

AUGENTROST

Das grüne Gewebe des Gartens wiederkehrende
Muster aus Zwiebelschäften rankenden Erbsen
Fremde Entwürfe die Kürbisblätter Licht
Und Schatten in aufgebundnen Tomaten zärtliche
Kugeln Kohl und Salat Petersilienkanten
Treuer Schachtelhalm Woche für Woche
Geneigtes dunkles Kartoffelkraut über den
Furchen und Akeleien fliegen am Wegrand.

Sarah Kirsch

SANFTE JAGD

Die lebendigen glühenden Blumen
Taubenblaues Gefieder halshoher Astern
Seeigel-Dahlien gesträubt auf dem Grund
Versunkener Dörfer brennende Liebe
Bevor der Frost sie in einer Nacht
Schwärzt und die Hinrichtung vornimmt
Bringen das Herz unterm Wolfspelz zur Strecke.

Sarah Kirsch

Herbstlicher Ausklang

101

101. Sommerastern
Aquarell auf Japan, 1999
16 x 21 cm
Sig. u.r. Fu G. 99

102. Dahlien
Pastell, 1997, 75 x 75 cm
Sig. u.r. Fußmann G. 97

103. Landschaft bei Kappeln
Pastell, 1994, 75 x 74 cm
Sig. u.r. Fußmann G. 94

102

103

104

104. Dahlien
Aquarell und Gouache, 1997
57,5 x 65 cm
Sig. u.r. Fußmann g. 97

105. Garten mit Dahlien, Astern und Sonnenblumen
Öl auf Papier, 1995, 77 x 64 cm
Sig. u.r. Fußmann G. 95

105

106

107

106. Lampionblumen und Rudbeckia
Aquarell, 1994, 48 x 57 cm
Sig. u.r. Fußmann Gelting 94

107. Astern (rot, weiß und blau)
Pastell, 1997, 54 x 58 cm
Sig. u.r. Fußmann G. 97

108

108. Astern (lila, violett und weiß)
Aquarell, 1996, 57,5 x 77 cm
Sig. u.r. Fußmann G. 96

109. Garten mit Cosmea, Gladiolen und Dahlien
Gouache, 1996, 76 x 63 cm
Sig. u.r. Fußmann 7.9.96

109

110

110. Chrysanthemen
Pastell, 1997, 47 x 57 cm
Sig. u.r. Fußmann G. 97

111

1

113

111. Landschaft mit Landarbeiter
Öl auf Papier, 1992, 89 x 75 cm
Sig. u.r. Fußmann G. 92

112. Landschaft mit Kanal und Düsenjägern
bei Nieby
Öl auf Papier, 1992, 89 x 75 cm
Sig. u.r. Fußmann 92

113. Garten im Winter, im Schnee
Tusche und Gouache, 1991
42 x 56 cm
Sig. u.r. Fu G. 91

114. Landschaft bei Kronsgaard (Cover Rückseite)
Öl auf Leinwand, 1996, 200 x 190 cm
Sig. u.r. Fußmann G. 96

Katalog

1. B. im Garten (August) (Cover)
Öl auf Papier, 1998, 85 x 70 cm
Sig. u.r. Fußmann G. 98

2. Blick auf Esgrus (Raps)
Pastell, 1997, 42 x 56 cm
Sig. u.r. Fußmann G. 97

3. Garten mit Sonnenblumen und Astern
Pastell, 1991, 89 x 75 cm
Sig. u.r. Fußmann G. 91

4. Weizen bei Steinbergkirche
Pastell, 1998, 15 x 23 cm
Sig. u.r. Fu 98

5. Frühjahr, Garten mit B.
Öl auf Papier, 1991, 88 x 75,5 cm
Sig. u.r. Fußmann 91

6. Geeggtes Feld bei Niesgrau
Pastell, 1996, 42 x 56 cm
Sig. u.r. Fußmann G. 96

7. Garten mit Tulpen, Vergißmeinnicht, Stiefmütterchen und Traubenhyazinthen
Aquarell und Gouache, 1999, 77 x 57 cm
Sig. u.r. .G.97 Fußmann

8. Raps in Düstnishy
Pastell, 1999, 42 x 56 cm
Sig. u.r. Fußmann G. 99

9. Bauer E.G. auf der Koppel
Pastell, 1993, 70 x 84,5 cm
Sig. u.r. Fußmann G. 93

10. Frühjahr bei Bobek
Pastell, 1999, 42 x 56 cm
Sig. u.r. Fußmann G. 99

11. Raps bei Boysen (Wippendorf)
Pastell, 1999, 42 x 56 cm
Sig. u.r. Fußmann G. 99

12. Tulpen, Vergißmeinnicht, Mohn und Margeriten
Aquarell, 1996, 48 x 57 cm
Sig. u.r. Fußmann Gelting 23.5.96

13. Frühjahrsfeuer bei Goldhöft
Pastell, 1994, 84,5 x 70 cm
Sig. u.l. April 94 G. Fußmann

14. Raps bei Eckernförde
Pastell, 1998, 42 x 56 cm
Sig. u.r. Fußmann G. 98

15. Gehöft bei Esgrus (Weißes Haus)
Pastell, 1997, 42 x 56 cm
Sig. u.r. Fußmann G. 97

16. Raps bei Osterholz
Pastell, 1998, 42 x 56 cm
Sig. u.r. Fußmann G. 98

17. Buchen blühend
Pastell, 1994, 76 x 65 cm
Sig. u.r. Fußmann G. 9.4.94

18. Raps bei Wippendorf
Pastell, 1999, 42 x 56 cm
Sig. u.r. Fußmann G. 99

19. Sumpfdotterblumen und Vergißmeinnicht
Aquarell und Gouache, 1998, 11 x 13 cm
Sig. u.r. Fu G 98

20. Raps bei Flensburg
Pastell, 1996, 15 x 24 cm
Sig. u.r. Fu G. 96

21. Raps bei Rundhof
Pastell, 1999, 42 x 56 cm
Sig. u.r. Fußmann G. 99

22. Gehöft Kattrott mit Raps
Pastell, 1997, 40 x 49,5 cm
Sig. u.r. Fußmann G.97

23. Iris, Mohn, Vergißmeinnicht und Primeln
Aquarell, 1998, 76,5 x 57 cm
Sig. u.r. Fußmann G. 98

24. Raps bei Rottberg
Pastell, 1999, 42 x 56 cm
Sig. u.r. Fußmann G. 99

25. Iris und Hornkraut
Aquarell, 1998, 42 x 57 cm
Sig. u.r. Fußmann G. 98

26. Iris und Mohn
Aquarell, 1998, 59 x 78 cm
Sig. u.r. Fußmann G. 98

27. Narzissen und Immergrün
Aquarell, 1999, 14 x 22 cm
Sig. u.r. Fu G. 99

28. Kastanie
Aquarell, 1996, 11 x 21 cm
Sig. u.r. Fu G. 96

29. Mohn und Kornblume
Aquarell, 1995, 13 x 15 cm
Sig. u.r. Fu G. 95

30. Iris und Narzissen
Aquarell und Gouache, 1996
78 x 58,5 cm
Sig. u.r. Fußmann G. 21.6.96

31. Mohn und Nachtviole
Aquarell, 1998, 21 x 25 cm
Sig. u.r. Fu G. 98

32. Kaiserkrone und Sumpfdotterblume
Aquarell, 1997, 15 x 19 cm
Sig. u.r. Fu 97

33. Mohn (hell rot)
Aquarell und Gouache, 1997
57 x 76 cm
Sig. u.r. Fußmann Gelting 97

34. Fingerhut und Mohn
Aquarell, 1999, 32 x 42 cm
Sig. u.r. Fußmann G. 99

35. Margeriten
Aquarell, 1998, 45 x 58 cm
Sig. u.l. Fußmann G. 98

36. Margeriten
Aquarell, 1997, 15 x 20 cm
Sig. u.r. Fu G. 97

37. Kastanien und Kaiserkrone
Aquarell, 1996, 30 x 45 cm
Sig. u.r. Fußmann G. 96

38. 3 x Mohn
Aquarell, 1995, 17 x 25 cm
Sig. u. G. 95 Fu

39. Garten mit Maiglöckchen, Narzissen, Vergißmeinnicht und Stiefmütterchen
Aquarell, 1997, 48 x 56,5 cm
Sig. u.r. Fußmann Gelting 30.4.97

40. Margeriten
Aquarell und Gouache, 1998
78 x 59 cm
Sig. u.r. Fußmann G. 7.7.1998

41. Iris (blau, weiß und rosa)
Aquarell, 1997, 57,5 x 76,5 cm
Sig. u.r. Fußmann 14.6.97

42. Garten mit Tulpen, Narzissen, Nachtviole, Stiefmütterchen und Vergißmeinnicht
Aquarelle und Gouache, 1999
58 x 77 cm
Sig. u.r. Fußmann G. 99

43. Iris (blauviolett)
Aquarell, 1995, 40 x 50 cm
Sig. u.r. Fußmann G. 95

44. Mohn (dunkel)
Aquarell und Gouache, 1995
57 x 75 cm
Sig. u.r. Fußmann G. 95

45. Schlafmohn
Aquarell und Gouache, 1987
29 x 40 cm
Sig. u.r. Fu G. 87

46. Iris und Hornkraut
Aquarell und Gouache, 1999
58 x 78 cm
Sig. u.r. 29.5.99 Gelting Fußmann

47. Vergißmeinnicht und Mohn
Aquarell und Gouache, 1997
34,5 x 41 cm
Sig. u.r. Fußmann G. 97

48. Garten mit Rittersporn und Alant
Aquarell und Gouache, 1996
66 x 51 cm
Sig. u.r. Fußmann G. 96

49. Iris, Mohn, Tulpen und Vergißmeinnicht
Aquarell und Gouache, 1999
58 x 77,5 cm
Sig. u.r. Fußmann Gelting 26.5.99

50. Kaiserkrone, Narzissen und Vergißmeinnicht
Aquarell und Gouache, 1999, 38,5 x 55 cm
Sig. u.r. Fußmann G. 99

51. Vergißmeinnicht und Sumpfdotterblumen
Aquarell, 1998, 34 x 44 cm
Sig. u.r. Fußmann G. 98

52. Zwei Eichen
Pastell, 1999, 42 x 56 cm
Sig. u.r. Fußmann Gelting 99

53. Holunder und Rittersporn
Aquarell und Gouache, 1997
56,5 x 69 cm
Sig. u.r. Fußmann G. 97

54. Flieder (weiß und lila)
Pastell, 1989, 42 x 56 cm
Sig. u.r. Fu 89 G.

55. Hortensien und Kamille
Aquarell und Gouache, 1998
46 x 56 cm
Sig. u.r. Fußmann G. 98

56. Vor Dänemark
Aquarell, 1999, 12,5 x 18 cm
Sig. u.r. Fu 9.8.99

57. Sommertag mit stürmischer See
Aquarell, 1999, 15 x 22,5 cm
Sig. u.r. 11.8.99 Fu

58. See, hell am Nachmittag
Pastell, 1998, 42 x 56 cm
Sig. u.r. Fußmann G. 98

59. Ostsee bei Kronsgaard
Aquarell, Gouache und Sand, 1998
46 x 60 cm
Sig. u.r. Fußmann 98

60. See, Spätnachmittag
Pastell, 1999, 15 x 23 cm
Sig. u.r. 99 G Fu

61. B. in Beveroe
Öl auf Papier, 1980, 65 x 75 cm
Sig. u.r. 28.7.1980 Fußmann Gelting

62. Sommerliche Landschaft bei Nieby
Pastell, 1997, 42 x 56 cm
Sig. u.r. Fußmann G. 97

63. Beveroe
Pastell, 1989, 64,5 x 75 cm
Sig. u.r. Fußmann G. 89

64. Landschaft bei Kronsgaard
Pastell, 1999, 15 x 23 cm
Sig. u.r. Fu G. 99

65. Straße bei Pommerby
Pastell, 1998, 42 x 56 cm
Sig. u.r. Fußmann G. 98

66. Beveroe, der Garten
Aquarell, Gouache und Bleistift, 1979
64 x 76 cm
Sig. u.r. Fußmann 20.8.79 Gelting

67. Malven (weiß)
Aquarell und Gouache, 1998
30,5 x 38 cm
Sig. u.r. 25..8.98 G. Fußmann

68. Mohn und Rainfarn
Pastell, 1998, 75 x 74 cm
Sig. u.r. Fußmann G. Juni 93

69. Garten Gelting mit Gladiolen
Aquarell und Gouache, 1999
71,5 x 66 cm
Sig. u.r. Fußmann G. 28.8.1999

70. Garten mit Glockenblumen, Mohn und Malven
Pastell, 1995, 87 x 72 cm
Sig. u.r. Fußmann G. 95

71. Malven und Sonnenblumen
Pastell, 1997, 75 x 74 cm
Sig. u.r. Fußmann G. 97

72. Garten mit Malven und Dahlien
Aquarell und Gouache, 1996
72 x 57 cm
Sig. u.r. Fußmann G. 96

73. Selbst im Spiegel, Garten mit B.
Aquarell, Gouache und Tusche, 1983
71,5 x 76 cm
Sig. u.r. Gelting 12.8.83 Fußmann

74. Garten mit Blumenbeeten
Aquarell und Gouache, 1994
74 x 75 cm
Sig. u.r. Fußmann G. 94

75. Garten mit Bohnen und Gladiolen
Gouache, 1999, 43 x 52 cm
Sig. u.r. Fußmann G. 99

76. Zinnien
Gouache, 1998, 31,5 x 41,5 cm
Sig. u.r. Fußmann G. 98

77. Garten mit Malven und Dahlien
Pastell, 1998, 75 x 74 cm
Sig. u.r. Fußmann G. 98

78. Rittersporn
Aquarell und Gouache, 1996
66 x 51 cm
Sig. u.r. Fußmann G. 96

79. Lupinen
Aquarell, 1997, 57 x 76 cm
Sig. u.r. 15.6.1997 Fußmann

80. Gladiolen
Aquarell und Gouache, 1996
50 x 65 cm
Sig. u.r. Fußmann 96

81. Phlox
Aquarell, 1995, 58 x 77 cm
Sig. u.r. Fußmann G. 2.7.95

82. Gladiolen
Aquarell und Gouache, 1996
50 x 65 cm
Sig. u.r. Fußmann G. 96

83. Lupinen
Aquarell, 1996, 50 x 64 cm
Sig. u.r. 12.7.96 Gelting Fußmann

84. Rittersporn und Margeriten
Aquarell und Gouache, 1996
66 x 52 cm
Sig. u.r. Fußmann Gelting 8.7.1996

85. Garten mit Dahlien, Mohn und Sonnenhut
Aquarell und Gouache, 1997
57 x 64 cm
Sig. u.r. Fußmann G. 97

86. Weizen bei Pommerby
Pastell, 1997, 42 x 56 cm
Sig. u.r. Fußmann G. 97

87. Weizenfelder bei Kronsgaard vor Ostsee
Pastell, 1997, 42 x 56 cm
Sig. u.r. Fußmann G. 97

88. Landschaft bei Steinbergkirche
Pastell, 1997, 42 x 56 cm
Sig. u.r. Fußmann G. 97

89. Malven, Mohn und Rudbeckia
Gouache, 1999, 44 x 55 cm
Sig. u.r. Fußmann G. 99

90. Rosen
Aquarell, 1999, 33 x 42 cm
Sig. u.r. Fußmann G. 1.10.99

91. Rosen (rot und weiß)
Aquarell und Gouache, 1999
57 x 70 cm
Sig. u.r. Fußmann 24.9.99

92. Weiße Rosen
Aquarell und Gouache, 1996
58 x 77 cm
Sig. u.r. Fußmann G. 96

93. Rosen (gelb und hellrosa)
Aquarell und Gouache, 1992
58 x 77 cm
Sig. u.r. Fußmann G. 92

94. Rosen (gelb und weiß)
Aquarell, 1995, 48 x 65 cm
Sig. u.r. Fußmann g. 95

95. Rosen (rot, weiß und rosa)
Aquarell und Gouache, 1995
57 x 77 cm
Sig. u.r. Fußmann, Gelting, Juli 95

96. Rosen (rot und gelb)
Aquarell und Gouache, 1997
65 x 57 cm
Sig. u.r. Fußmann Gelting 28.8.97

97. Rosen (weiß)
Aquarell, 1996, 28 x 38 cm
Sig. u.r. Fußmann G. 96

98. Rosen (rosa)
Aquarell, 1998, 58 x 61 cm
Sig. u.r. Fußmann Gelting 98 Juli

99. Rosen (gelb, hellrot und rot)
Aquarell und Gouache, 1999
28 x 37,5 cm
Sig. u.r. Fußmann G. 99

100. Rosen (rosa)
Aquarell, 1995, 58 x 77 cm
Sig. u.r. Fußmann G. 15.5.95

101. Sommerastern
Aquarell auf Japan, 1999
16 x 21 cm
Sig. u.r. Fu G. 99

102. Dahlien
Pastell, 1997, 75 x 75 cm
Sig. u.r. Fußmann G. 97

103. Landschaft bei Kappeln
Pastell, 1994, 75 x 74 cm
Sig. u.r. Fußmann G. 94

104. Dahlien
Aquarell und Gouache, 1997
57,5 x 65 cm
Sig. u.r. Fußmann g. 97

105. Garten mit Dahlien, Astern und Sonnenblumen
Öl auf Papier, 1995, 77 x 64 cm
Sig. u.r. Fußmann G. 95

106. Lampionblumen und Rudbeckia
Aquarell, 1994, 48 x 57 cm
Sig. u.r. Fußmann Gelting 94

107. Astern (rot, weiß und blau)
Pastell, 1997, 54 x 58 cm
Sig. u.r. Fußmann G. 97

108. Astern (lila, violett und weiß)
Aquarell, 1996, 57,5 x 77 cm
Sig. u.r. Fußmann G. 96

109. Garten mit Cosmea, Gladiolen und Dahlien
Gouache, 1996, 76 x 63 cm
Sig. u.r. Fußmann 7.9.96

110. Chrysanthemen
Pastell, 1997, 47 x 57 cm
Sig. u.r. Fußmann G. 97

111. Landschaft mit Landarbeiter
Öl auf Papier, 1992, 89 x 75 cm
Sig. u.r. Fußmann G. 92

112. Landschaft mit Kanal und Düsenjägern bei Nieby
Öl auf Papier, 1992, 89 x 75 cm
Sig. u.r. Fußmann 92

113. Garten im Winter, im Schnee
Tusche und Gouache, 1991
42 x 56 cm
Sig. u.r. Fu G. 91

114. Landschaft bei Kronsgaard (Cover Rückseite)
Öl auf Leinwand, 1996, 200 x 190 cm
Sig. u.r. Fußmann G. 96

von links:
Josef Peerlings, Hiltrud Peerlings,
Barbara Fußmann, Klaus Fußmann,
Gelting 1999

Klaus Fußmann

1938	Geboren am 24.März in Velbert (Rheinland)
1957–61	Studien an der Folkwang-Schule in Essen
1962–66	Studium an der Hochschule für Bildende Künste, Berlin
1972	Preis der Böttcherstraße, Bremen
1972	Preis der Villa Romana, Florenz
1974	Professor an der Hochschule der Künste, Berlin.
1979	Preis der Stadt Darmstadt
1989	Mitglied der Freien Akademie Hamburg

Klaus Fußmann lebt in Berlin und Gelting in Schleswig-Holstein

Bibliographie

1. Eigene Schriften(Auswahl)

1978 Essay über Maler und Modell. In:„Kunstmagazin", Nr. 4, S. 62/63

1979 „Alle Kunst ist Allegorie. Ein Maler schaut zurück: Pop-art zwanzig Jahre später". In: Frankfurter Allgemeine Zeitung, 20. August, S. 23

1981 Essay. In: Ausstellungskatalog, Island. 24 Aquarelle, Edition Josef Peerlings, Krefeld, 64 Seiten

1981 „Rauh und wüst, wie am Anfang der Welt" Impressionen aus Island. In: Frankfurter Allgemeine Zeitung, 12. September

1982 „Zu meiner Arbeit." In: Ausstellungskatalog, „Spiegelbilder", Kunstverein Hannover

1983 „Er verlor ein Paradies – und fand ein neues." Zur großen Pariser Manet-Ausstellung In: Frankfurter Rundschau, 18. Juni

1983 „Über die Mühen in unserer Ebene." In: Ausstellungskatalog, Albert Held, Berlin

1984 „America, Ancient Land" (Das alte Land Amerika). In: Ausstellungskatalog, „Fußmann Sees America. Klaus Fußmann, watercolors and drawings from his travels in California, Arizona, New Mexico and Utah". Lefebre Gallery, New York

1984 „Die Kunst, die sich selbst suchte." Moderne. In: Frankfurter Allgemeine Zeitung, 11. Februar

1984 „Von der Schwierigkeit, verstanden zu werden. Ein Spiegel der Erschütterungen des Jahrhunderts: Das Leben und das Werk Max Beckmanns" in: Frankfurter Rundschau, 17. März

1984 „Wir zehren von Schatten. Kunst und Mythos, oder die Grenzen des Verstehens von Malerei". In: Frankfurter Allgemeine Zeitung, 4. August

1984 „Die Welt im Kopf." In: Ausstellungskatalog, Matthias Sütfels. Galerie Hartwig, Berlin

1984 „Ich sehe aus dem Fenster und male das." In: Ausstellungskatalog „Bilder von unbekannten Laienkünstlern", S. 7ff, Berlin

1985 Beitrag in „Ende der Kunst - Zukunft der Kunst", S. 91, Deutscher Kunstverlag, München

1985 „Gegen den Strich" In: Ausstellungskatalog, H.J. Billib, Galerie Hartwig, Berlin

1986 „Die verschwundene Malerei".Essays zur zeitgenössischen Kunst, Corso, 136 Seiten Siedler Verlag, Berlin (2. Auflage 1988)

1986 „Das brennende Buch der Welt. Van Goghs Bestimmung der Wirklichkeit" in: der Frankfurter Allgemeine Zeitung, 15. März

1986 „The Color of Dirt. Lovis Corinth." In: „Artforum", New York, Mai

1986 „Der Gesang der Hecke." In: „Geltinger Skizzenbuch", Blumen aus dem Garten in Gelting. Skizzen aus den Jahren 1984–1986, 22 farbige Abb., 60 Seiten, Edition Josef Peerlings, Krefeld (2. Auflage 1992)

1986 „Über dem Land". Gedanken über Deutschland. In: Ausstellungskatalog „Skizzen aus Deutschland." 83 Aquarelle und Zeichnungen, 84 Seiten, Galerie Steinrötter, Münster

1987 „Malen gegen die Todesangst". Zu Lovis Corinth. In: „Pan", Nr. 3, München

1987 „Stadtansicht, Standpunkt Funkturm". Essay zu Berlin und Werner Heldt. 750 Jahre Berlin. Hrsg. von Eberhard Diepgen, Reg. Bürgermeister von Berlin

1987 „Über die Schwierigkeit ein Thema zu finden". Essay in Katalog Landesmuseum Schleswig-Holstein und ZDF, Mainz, 192 Seiten insgesamt, 153 Abb.

1988 „Rundgänge", 3 Essays in „Signatur", Nr. 9, 28 Seiten, 12 Abb., Verlag Rommerskirchen, Remagen

1988 „Annäherungen an einen Mythos", Essay im Katalog „Die Verführung der Europa", Kunstgewerbemuseum, Staatliche Museen Preußischer Kulturbesitz, Propyläen Verlag, Berlin

1988 „Die blaue Unendlichkeit", Text über Albrecht Altdorfers Gemälde „Donaulandschaft mit Schloß Wörth". In: „Zeitmagazin", 17. Juni

1988 „Eine Welt voll Farbe", illustrierter Essay über Indien. In: „Zeitmagazin", 5. Februar

1988 „Der holde Widerspruch", Text zum Buch „Gartenblumen", 176 Seiten, 88 Abb., Edition Josef Peerlings, Krefeld

1989 „Die Schuld der Moderne". In: Frankfurter Allgemeine Zeitung, 14. Oktober

1989 „Indien: Aus einem hellwachen Traum". 36 Zeichnungen und Aquarelle aus Indien, mit einem Text des Autors, 70 Seiten, Edition Josef Peerlings, Krefeld

1989 „Die Moderne haßt sich selbst." In: Die Zeit, 12. November

1989 „Rundgang 27.9.89", Essay in der Festschrift zum 60. Geburtstag von Heinz Spielmann

1989 „Auf der Suche nach Gesichtern", Vorwort zu: „Incontri disegnati". Gezeichnete Bewegung, von Dora von Steiger, Edizioni Studio Tesi, Padua

1990 „Verharrend in Altenburg. Eine leise, wirksame Kunst." Gedenkblatt für Gerhard Altenbourg. In: Frankfurter Allgemeine Zeitung, 3. Mai

1990 „Der elektrische Mann", zum 100. Todestag von Vincent van Gogh, in: Die Zeit, 27.Juli

1990 „Die Geste des Traumes", Text für Katalog Sebastian Heiner, Berlin

1991 „Bedenke, daß du tot warst", Erinnerungen an Berlin, 1960–1980. In: Die Zeit, 14. März

1991 „Lieber Fritz", Rede zur Ausstellung „Meckseper aus der Sammlung Großhaus", Stadtmuseum Braunschweig, 24 Februar

1991 „Die Schuld der Moderne", Essays über die Postmoderne, 106 Seiten, Corso, Siedler Verlag, Berlin

1991 „Landschaft im Norden", 48 Aquarelle und Pastelle aus Angeln, mit drei Essays des Autors, 64 Seiten, Edition Josef Peerlings, Krefeld

1991 „Von Raum und Zeit", Text zum Katalog Evelyn Bauer, Berlin

1992 „Sie malten und verschwanden von der Erde.".Die Beter von Baja-California." Essay über die altamerikanischen Höhlenmalereien der Sierra de San Francisco in Baja-California, Mexiko. In: Frankfurter Allgemeine Zeitung, 25.April

1992 „Der Wald". Essay für den 60. Geburtstag von Johannes Groß, in der Festschrift „Deutschland, ein Land in Europa", „Impulse", Mai

1992 „Quisnis". Drei Essays und achtzehn Kaltnadelradierungen zu einer kleinen Halbinsel,36 Seiten. Edition Josef Peerlings, Krefeld

1992 „Über die Schwierigkeit ein Thema zu finden". Essay im Ausstellungskatalog der Galerie Steinrötter, Münster, 42 Abb., 96 Seiten

1992 „Die Welt von unten" Beschreibung eines Bildes des Malers Maryan in: Der Tagesspiegel", Berlin

1992 „Quisnis", Essay über eine kleine Insel in Schleswig-Holstein, in: „Flensburger Tageblatt"

1992 „Vom Anschein der Dinge", über den Maler Georg Seifert, Text zur Ausstellung in der Galerie Peerlings, Krefeld

1993 „Du bekommst bestimmt eine Antwort“, Versuch über Arno Schmidt. Henner Wachholtz Verlag, Hamburg

1993 „Der Garten am Nachmittag“ in „Der Garten am Nachmittag“, Buch über den Garten in Gelting, mit 184 Seiten und 85 Abb. Edition Josef Peerlings, Krefeld

1993 „10. Oktober, 1990, morgens“ A.a.O., Edition Josef Peerlings, Krefeld

1994 „Strandleben am Styx. Der Maler und Zeichner Rudolf Schlichter“, in: Frankfurter Allgemeine Zeitung, vom 6.8.

1994 „Kunst und Kulturpolitik in Berlin“ Essay über Friedrich Schröder-Sonnenstern, in „Berlin – offene Stadt“, Heft der Grundkreditbank Berlin

1994 „Aus vergangener Zeit“ In: Landschaft am Niederrhein und im Bergischen“, Edition Josef Peerlings, Krefeld

1995 „Die Auferstehung des Fleisches“ Essay über Michelangelos „Jüngstes Gericht“In: Frankfurter Allgemeine Zeitung, 15.April

1995 „Eine Landschaft wird gesehen“, Essay über Angeln und den Maler Hans-Joachim Billib. „Flensburger Tageblatt“, 3.10.95

1995 „Malen gegen die Zeit“, Essay zum deutschen Expressionismus Katalog „Die Maler der Brücke“, Sammlung Gerlinger, Schleswig-Holsteinisches Landesmuseum Schloß Gottorf

1995 Essay in „Metaphern der Flora“, ein Buch mit 83 Aquarellen, Pastellen und Ölskizzen von Klaus Fußmann, verlegt von Josef Peerlings, Krefeld und Kampen, Sylt.

1996 „Moden gibt es, keine Feindschaften“, Essay in „Die Welt“, 30.3.96

1996 „Wisch und weg: Kunst von heute gefällt sich als Müll“, „Die Welt“, 16. Okt.

1996 „Über Land und Leute“; in „Landschaften“ Katalog, Bundeskanzleramt, Bonn und: 1997 „Zeit Punkte“ (Die Zeit), Nr. 2/97

1996 „Über Landschaft“, „Der Tagesspiegel“, d. 24.11., Nr. 15 815

1997 „Die ewigen Jagdgründe der Kunst“; Essay „Frankfurter Allgemeine Zeitung“, 15..3.. Auch im Ausstellungskatalog „Klaus Fußmann, Bilder aus der Slg. Großhaus“, Museum Schloß Hardenberg, Velbert-Neviges, 1998

1998 „Es tut sich was“; über Schleswig-Holstein, Aufsatz im „Flensburger Tageblatt“, 26.3.98

1998 „Eine Kunst kam aus Amerika. Abstrakte Expressionismus und die CIA“, Frankfurter Allgemeine Zeitung Nr. 158, 11.7.

1998 „Vom endgültigen Stillstand aller irdischen Dinge“, ein Aufsatz über G. Morandi, „Die Welt“, 3. 8.

1998 „Salut für Italien“, in „Reisen in Italien“, Edition Peerlings, 109 Abb. 132 Seiten

1999 „Kunst der DDR“ in „Erkundungen“ Protokolle der Freitagsgesellschaft herausgegeben von Helmut Schmidt, Verlag: DVA

1999 „Ende der Kunst“, „Die Welt“, Nr. 53, 31.Dez.

1999 „Zeichen und Rätsel. Katja Krouppa“, Ausstellungskatalog, Galerie Peerlings

1999 „Die stetige Suche“, zu Philipp Mager, Galerie am Savignyplatz, Berlin

1999 „Weniger wäre hier nicht mehr gewesen“, zu Thomas Kaemmerer, Katalog, Konrad-Adenauer-Stiftung, Wesseling

1999 „Die Vergangenheit ist nicht vorbei“, zu Almut Heise, Galerie Schlichtenmaier, Grafenau

2000 Katalog 169, „Archi Galentz, Malerei“, Galerie Taube, Berlin

2. Literatur über Fußmann (Auswahl)

1969 Börsch-Supan, Helmut: Fünfzehn Berliner Künstler. In: Ausstellungskatalog, Wanderausstellung Südostasien

1969 Sperlich, Martin, Ausstellungskatalog „Klaus Fußmann“, Galerie Schüler, Berlin

1969 Wiesler, Hermann, Ausstellungskatalog „Klaus Fußmann“, Galerie Schüler, Berlin

1969 Ulbrich, Klaus, Ausstellungskatalog „Klaus Fußmann“, Baukunst-Galerie, Köln

1969 Wiesler, Hermann, Ausstellungskatalog „Klaus Fußmann“, Baukunst-Galerie, Köln

1971 Haftmann, Werner, Ausstellungskatalog „Malerei, Objekte, Grafik“ (mit Arnulf Hoffmann und Hermann Waldenburg), Nationalgalerie Berlin 1971/72

1971 Ausstellungskatalog, 15 artisti tedeschi. XXVII Biennale Nazionale d'Arte, Città di Milano (mit einem Beitrag von Bernd Krimmel)

1971 Ausstellungskatalog „Klaus Fußmann. Ölbilder, Gouachen, Druckgrafik“. Baukunst-Galerie, Köln

1971 Olbricht, Klaus-Hartmut, „Ein modernes Memento mori“: Marginalien zu Bildern von Klaus Fußmann. In: „Die Kunst und das schöne Heim“, Nr. 5, S. 270/71

1972 „Klaus Fußmann. Ölbilder, Gouachen“, Galerie Gunzenhauser, München

1972 Ausstellungskatalog Nr. 18, „20 Berliner Realisten“, Salzburg

1972 Burmeister, Joachim, „Fußmann, Gudbub, Kaminski, Maier-Aichen“. Katalog der Villa Romana, Florenz

1972 Klabebusch, Hans, „Bemerkungen zur Pleinairmalerei.“ In: „Die Kunst und das schöne Heim“, S. 533, Nr. 9

1973 Krimmel, Bernd, „Außenwelt - Innenwelt“: Ausstellungskatalog,.“Klaus Fußmann“, Kunsthalle Darmstadt

1974 Ausstellungskatalog,“Klaus Fußmann. Bilder, Gouachen, Grafik“, Galerie Kornfeld, Zürich

1974 Köhrmann, Gerd, Beitrag im Ausstellungskatalog, Baukunst-Galerie, Köln

1975 Ausstellungskatalog, Druckgrafik der Gegenwart 1960–1975, Kupferstichkabinett, Staatliche Museen Preußischer Kulturbesitz, Berlin, Kat. Nr. 247–255

1975 Ausstellungskatalog, „Realismus Realität“, Kunsthalle Darmstadt

1975 Köhrmann,Gerd, Beitrag: Ausstellungskatalog, „Klaus Fußmann. Ölbilder, Gouachen, Druckgrafik“, Baukunst-Galerie, Köln

1975 Chotjewitz, Peter O., Gedichte zu „Spuren“, 7 Lithos, Propyläen Verlag, Berlin

1975 Köhrmann, Gerd, „Klaus Fußmann und seine Bildthemen“.In: Ausstellungskatalog, „Klaus Fußmann.Ölbilder, Gouachen, Druckgrafik.“ Baukunst-Galerie, Köln

1976 Börsch-Supan, Helmut, „Ausblicke“. In: Ausstellungskatalog, Neuer Berliner Kunstverein, Berlin

1976 Chotjewitz, Peter O., „Die Gegenstände der Gedankenstille“, in: „Requium für ein Haus mit Bewohnern.“ Mit Originalgrafiken von Klaus Fußmann, Eremiten-Presse, Düsseldorf

1976 Clair, Jean„„Nouvelle Subjectivité“.In: Ausstellungskatalog, Paris

1976 Haftmann, Werner, „Freunde danken Werner Haftmann“, in Ausstellungskatalog, Nationalgalerie Berlin

1976 Haftmann, Werner, „Auf Taubenfüßen“, Text in „Bilder“, 228 Seiten, 79 Abb., Propyläen Verlag, Berlin (2. Auflage 1991)

1976 Ausstellungskatalog, „Menschenleere Räume“ (mit Beiträgen von Gerd Köhrmann, Bernd Krimmel, Klaus Hartmut Olbricht und Hermann Wiesler), Badischer Kunstverein, Karlsruhe

1977 Geitel, Klaus, „Back Bilder. Die nicht brotlose Kunst.“ In: Ausstellungskatalog, Kunstverein Hannover

1977 „Klaus Fußmann: Einladung zur Meditation.“ In: „Journal“, Nr. 88

1977 Sello, Gottfried, „Fußmann, Landschaft und Interieur, ein Affront gegen den Zeitgeist.“ Aus „Dreimal Berlin“ in „Zeitmagazin“, Nr. 49/1977

1978 Duister, Franz, „Het Persoonlijke Gebied von Klaus Fußmann“. In: Kunst Beeld, Nr. 3/1978, S. 12-13, Amsterdam

1978 Kaps, Andreas, „Clever bis sensibel. Klaus Fußmann bei Schüler.“ In: Tip, Nr. 25/1978, S. 44, Berlin

1978 Sager, Peter, „Zum kotzen ähnlich“. In: „Zeitmagazin“, Nr. 1/1978, S. 12ff.

1978 Tegenbosch, Lambert, „De meester van de vest“. In: Mededelingen, Nov. 1978, Nr. 2

1979 „Kunst in Berlin von 1960 bis heute.“ Ausstellungskatalog, Berlinische Galerie, Berlin, S. 62f.

1979 „Klaus Fußmann und seine Schüler“, Ausstellungskatalog, Klinikum Steglitz der Freien Universität Berlin

1979 Estrada, Sigrid, „Ein Monat in Berlin.“ Fotofolge aus dem Atelier, Mainz

1980 „Klaus Fußmann“, Ausstellungskatalog, Suermondt-Ludwig-Museum, Aachen

1980 Arnim, Gabriele von, „Gekippter Tisch“, aus „Blick auf malende Poeten.“ In: „Art“, Nr. 8/1980, S. 65

1980 Filter, Ulrike, „Ein Schimmer von Hoffnung“. In: Ullsteins „Gourmet“, Nr. 5/1980

1980 Gall, Wilhelm, „Klaus Fußmann“. In: Ausstellungskatalog, Landesgirokasse Stuttgart

1980 Hahne, Heinrich, „Klaus Fußmann“. In: „Das Kunstwerk“, Nr. 6/1980, S. 87

1980 Kinkel, Hans, „Die Höhle des Löwen. Künstler im Atelier. Von Cézanne zu Fußmann“. In: „Weltkunst“, Nr. 5/1980

1980 „Die Formen and Farben des Malers Klaus Fußmann: Ein Rheinländer in Berlin. Ein Künstler, der die direkte Konfrontation braucht.“ In: „Esprit“, Nr 10/1980. S. 50-52

1981 „Druckgrafik, Wandlung eines Mediums seit 1945“, Ausstellungskatalog, Kupferstichkabinett, Staatliche Museen Preußischer Kulturbesitz, Berlin

1981 Krimmel, Bernd, „Nature within and without“. In: „Klaus Fußmann“, Ausstellungskatalog, Lefebre Gallery, New York

1981 Maur, Karin von, „Vulkane und Ödland – Klaus Fußmanns Island-Aquarelle“. In: Frankfurter Allgemeine Zeitung, 21. November

1981 Olbricht, Klaus-Hartmut, „Das Leben der Dinge in den Studien von Klaus Fußmann“.München

1982 Wietek,Gerhard (Hrsg.), Schleswig-Holsteinisches Landesmuseum Schloß Gottorf, Berichte 1981, Schleswig

1982 Ausstellungskatalog, „Ansichten, Strukturen, Horizonte. Landschaften deutscher Künstler“. Eine Ausstellung des Germanischen Nationalmuseums Nürnberg im Bundeskanzleramt, Bonn, Kat. Nr. 19

1982 „Deutsche Radierer der Gegenwart“, Austellungskatalog, Kunsthalle Darmstadt

1982 Ausstellungskatalog, „Kunst aus dem Besitz der Stadt Darmstadt“, S. 252/53, Mathildenhöhe, Darmstadt 1981/82

1982 „Klaus Fußmann. Gemälde, Gouachen, Aquarelle, Zeichnungen“, Ausstellungskatalog (bearb. von Bernd Krimmel), 96 Seiten, insgesamt 124 Abb., Mathildenhöhe, Darmstadt

1982 Fest, Joachim, „Klaus Fußmann“. A.a.O., Darmstadt

1982 Krimmel, Bernd, „Klaus Fußmann oder Über die Grenzen der Malerei“.A.a.O., Darmstadt

1982 Krimmel, Elisabeth, „Zu Reisebildern von Klaus Fußmann“. A.a.O., Darmstadt

1982 „Gemaltes Nichts aus Island“. In: „VIF“, Nr. 2/1982

1982 Tegenbosch, Lambert, „Zelfpartret“. In; Mededelingen, Jan. 1982, Aflevering 10, Holland

1982 Tegenbosch, Lambert, „Het avantgardisme von een conservatif“, in Mededelingen, Juni 1982, Aflevering 14, Holland

1982 Thomas, Rainer, Vorwort zu: „Blumen“. 26 Aquarelle (mit Gedichten von Rückert, Rilke,Hille, Benn), 94 Seiten. Galerie Thomas, München

1983 Fest, Joachim, Beitrag in Ausstellungskatalog, Lefebre Gallery, New York

1983 Frank, Peter, „Die Aquarelle von Klaus Fußmann“. In: Ausstellungskatalog, Kunstverein Mannheim

1983 Gross, Johannes, „Klaus Fußmann and the American West“, in: Ausstellungskatalog „Fussmann sees America“. Watercolors and drawings from his travels in California, Arizona, New Mexico and Utah“. 74 Seiten, 92 Abb. Lefebre Gallery, New York

1984 „Experten diskutieren in ART: Mußte die Avantgarde scheitern?“ In: „art“, Nr. 7/1984, S. 74.

1984 Sager, Peter, „Reichlich Wasser für ein Aquarell“. In: „Zeitmagazin“, Nr. 7, 10. Feb. 1984, S. 34-51

1984 Sperlich, Hans Günter. In: „Blüten und Blumen“, mit einem Vorwort von R. Welters. 60 Seiten,22 Abb. Edition Merck, Darmstadt

1984 Sperlich, Martin, „Dialog der Bilder“. In: Ausstellungskatalog, Klaus Fußmann, „Schindung des Marsyas“, 14 Seiten, 6 Abb., Raab Galerie, Berlin

1984 Wiegenstein, Roland, „Risse“, im Werkverzeichnis der Grafik aus den Jahren 1957-1984, 148 Seiten, 136 Abb., Timm Gierig, Frankfurt

1984 Will, Cornelia, „Gregor F. vor Landschaft“. In: Ausstellungskatalog, „Klaus Fußmann und Schüler“, Schloß Hardenberg, Neviges

1985 Baker, Kenneth, Beitrag im Ausstellungskatalog Lefebre Gallery, New York

1985 Shannon, Joe, „Representations Abroad“,Ausstellungskatalog, S. 86–94, Hirshhorn Museum and Sculpture Garden, Washington D.C.

1985 „Graphische Meisterwerke des 20. Jahrhunderts aus dem Schleswig-Holsteinischen Landesmuseum“, Ausstellungskatalog, Schleswig-Holsteinisches Landesmuseum Schloß Gottorf, Schleswig 1985/86

1986 „Bildhauer und Maler am Steinplatz 1945-1986“, Ausstellungskatalog, Staatliche Kunsthalle Berlin

1986 „Fußmann at Lefebre 1976-1986“, Ausstellungskatalog, Lefebre Gallery, New York

1986 „Skizzen aus Deutschland“, 83 Aquarelle und Zeichnungen von Klaus Fußmann, bearb. von Claus Steinrötter, Galerie Steinrötter, Münster.

1986 Kämpf, Margret, „Sauerland“, A.a.O., Münster

1986 Kunert, Günter, „Eine Reise durch die Zeit“, A.a.O., Münster

1986 Wiesler, Hermann, „Die Buchauer Landschaftsbilder“, A.a.O., Münster

1986 Steinrötter, Claus, „Landschaft die ich meine“, A.a.O., Münster

1986 Baur, Eva-Gesine, „Atelierbesuch bei Klaus Fußmann. In: „Pan", Nr.6/1986, S. 82-85

1986 Sauré, Wolfgang, „Klaus Fußmanns Blumenbilder: Ein Pessimist entdeckt die Farbe", in: „Die Kunst", Nr. 7/8, 1986, S. 534–541

1986 Wietek, Gerhard (Hrsg.), Schleswig-Holsteinisches Landesmuseum Schloß Gottorf. Berichte 1984-1985, Schleswig

1986 „Klaus Fußmann, Bilder, Aquarelle, Lithographien, Radierungen", Ausstellungskatalog, (bearb. von Andreas Brylka), 84 Seiten, 67 Abb.,Galerie Zwang, Hamburg

1986 Buderath, Bernhard, „Das Beobachtungssyndrom", A.a.O., Hamburg

1987 Liermann, Jürgen, „Zeichnungen eines Malers". In: „Klaus Fußmann.. Zeichnungen 1968–1986", Ausstellungskatalog, 32 Seiten, 41 Abb., Galerie Schüler, Berlin

1987 Spielmann, Heinz, „Wiedergewonnene Malerei. Das Werk von Klaus Fußmann". In: „Kunst & Antiquitäten", H. 4/1987

1987 „Klaus Fußmann: Gemälde, Aquarelle, Zeichnungen und Druckgrafik".Ausstellungskatalog des Landesmuseums Schleswig-Holstein Schloß Gottorf und des ZDF, Mainz. Mit Beiträgen von Dietrich Bieber, Klaus Fußmann, Werner Haftmann, Günter Kunert, Christian Rathke, Heinz Spielmann 192 Seiten, 153 Abb. insgesamt.

1987 Bieber, Dietrich, „Die Schindung des Marsyas - ein alter Mythos neu gedeutet", A.a.O., Schleswig

1987 Haftmann, Werner, „Augenblicke des Staunens", A.a.O., Schleswig

1987 Kunert, Günter, „Klaus Fußmann, der Romantiker", A.a.O., Schleswig

1987 Rathke, Christian, „Das Motiv des Spiegels in Gemälden und Grafik von Klaus Fußmann", A.a.O., Schleswig

1987 Spielmann, Heinz, „Anstöße zur Malerei", A.a.O., Schleswig

1987 Haftmann, Werner, Text zum Katalog „Travels in Tuscany", Ausstellungskatalog, 18 Aquarelle aus Italien, 24 Seiten, Achim Moeller Fine Arts, Ltd., New York.

1987 Stolte, Dieter, „Klaus Fußmann", Text zur Ausstellung im ZDF, Mainz

1988 Baker, Kenneth, „An Artist to Collect". In: „Connoisseur", New York, März

1988 Spielmann, Heinz, „Zu den Interpretationen", im Katalog zu „Die Landschaft Theodor Storms - Heute", Wanderausstellung des Landesmuseums Schleswig-Holstein

1989 Schulz, Paul Otto,"Vom Malen mit der Natur". In: „Ambiente", 10.10.89

1989 Achilles, Wolf, „Der Künstler und das kalkulierte Gefühl", in: Flensburger Tagesblatt, 23.12.89

1990 Ausstellungskatalog der Galerie Ludorff, Düsseldorf, 22 Abb.

1991 Schmidt, Werner, Vorwort zum Katalog, „Klaus Fußmann Graphik", Kupferstichkabinett Dresden, 8 Abb., 20 Seiten

1991 Flemming, Hanns Theodor, „Der lautlose Dialog zwischen Innen und Außen". In: „Die Welt", 8.8.91

1991 „Die Malerei ist tot – es lebe die Malerei", Fußmann im Gespräch mit Paul Otto Schulz. In: „Pan", Sept. 1991

1991 Spielmann, Heinz, „Ambivalenzen: Klaus Fußmanns Räume und Landschaft". In: „Innen und Außen", Ausstellungskatalog B.A.T., Hamburg

1991 Lietzow, Godehard, „Neue Arbeiten", Text zur Ausstellung in der Galerie Lietzow, Berlin

1992 Steinrötter, Claus, Vorwort zum Katalog „Klaus Fußmann. Bilder, Aquarelle, Lithographien, Radierungen", 96 Seiten, 42 Abb., Galerie Steinrötter, Münster

1992 Beckel, Albrecht, Beitrag, A.a.O., Galerie Steinrötter, Münster

1992 Spielmann, Heinz, „Klaus Fußmanns neue Grafik",Werkverzeichnis der Druckgrafik von 1985-1991. Ausstellungskatalog des Landesmuseums Schleswig-Holstein Kloster Cismar. 132 Seiten, 107 Abb., Edition Josef Peerlings, Krefeld

1992 Spielmann, Heinz, „Von einem, der nach Nolde kam", „Stadtmagazin", „Hamburger Abendblatt", April

1992 Lempilius, Uwe, „Landschaften aus Angeln", Katalog der Ausstellung der Stadt Kappeln (mit Johannes Bauersachs und Hans-Joachim Billib).

1992 „Ansichten", Katalog der Kunsthalle Bremen mit Beiträgen von: Siegfried Salzmann, „Zu Klaus Fußmanns Sinngebung in der Malerei, Eckhard Nordhofen, „Zwei Blicke mindestens: Fußmanns antithetisches Rapsfeld; Paul Otto Schulz, „Hella K. als Gehende", Andreas Kreul, „Kleines Wörterbuch zu K.F.", 156 Abb. 212 S.

1992 Kunert, Günter, „Der schleswig-holsteinische Ikarus" in „Flensburger Tageblatt"

1992 Spielmann, Heinz, „Klaus Fußmanns Druckgrafik" in „Kultur Journal" Nr. 8

1992 Müller-Mehlis,Reinhard, Vorwort im Ausstellungs-Katalog, Kunstverein Hohenaschau

1992 Inter Indien 1, Zwei Aquatinta-Radierungen von Klaus Fußmann, in „Daidalos", Nr. 46 15.12.92

1992 Müller-Mehlis, Reinhard, In: Ich wollte leicht sein in diesem Leben", in „Der Garten am Nachmittag", ein Buch über den Garten in Gelting. 184 Seiten, 85 Abb. Edition Josef Peerlings, Krefeld

1994 „Gärten und Landschaften" Ausstellungskatalog der Galerie Ludorff, Düsseldorf, 65 Seiten, 59 Abb.

1994 „Landschaft am Niederrhein und im Bergischen" mit einem Beitrag von Günther Stallmann, 144 Seiten, 98 Abb., Edition Josef Peerlings, Krefeld

1995 „Klaus Fußmann auf Schloß Gottorf"; Bestandskatalog mit Beiträgen von Heinz Spielmann, Klaus Fußmann, Christian Rathke, Thomas Gädeke; Schleswig-Holsteinisches Landesmuseum Schloß Gottorf

1996 „Landschaften der 16 deutschen Bundesländer"; Katalog der Ausstellung im Bundeskanzleramt mit einem Vorwort von Helmut Kohl und einem Essay von Berthold Roland; Beiträge von Günter Kunert, K. Fußmann, Hermann Wiesler. Verlag Peerlings

1996 „Grafik III" mit Essay von Heinz Spielmann. Werkverzeichnis Druckgrafik 1992–1996, Kloster Cismar, Verlag Peerlings

1997 „Gemalte Inventur des Vaterlandes", von Paul Otto Schulz, in „Architectural Digest", Okt./Nov.

1997 „Klaus Fußmann auf Schloß Gottorf", Bestandskatalog des Schleswig-Holsteinischen Landesmuseums, mit Texten von Heinz Spielmann, Klaus Fußmann, Christian Rathke und Thomas Gädeke.

1998 Ausstellungskatalog „Klaus Fußmann, Bilder aus der Slg. Großhaus" im Museum Schloß Hardenberg, Velbert-Neviges, mit Vorwort von Cornelia Will

1998 Katalog zur 13. SAP Kunstausstellung „Klaus Fußmann, Landschaften und Gärten", mit einem Vorwort von Hasso Plattner und einem Text von Berthold Roland

1999 Ausstellungskatalog „Fußmann, Das kleine Format", Vorwort: Claus Steinrötter, Essay von Heinz Spielmann, Galerie Steinrötter, Münster